청소년 성장소설

잃어버린 진리를 찾아서

| 글·그림 **박지인** |

쿰란출판사

추천사

자신의 상아탑을 향하여 힘차게 한 걸음씩 나아가고 있는 한 고등학생이 있습니다. 2년 전 통영고등학교에 전근 와서 처음으로 맡은 1학년 3반에서 만난 그는 내 인생에서 특별한 학생이었습니다.

지금은 장래가 촉망되고 자신의 꿈을 향해서 질주하고 있는 학생입니다. 그렇다고 처음부터 그랬던 것은 아닙니다. 초등학교 6학년 때 '신장막증식증' 이라는 난치병을 앓게 되었는데 병원에서는 치료가 어렵다고 하였으나, 긍정적인 생각과 나을 수 있다는 믿음으로 병을 이길 수 있었습니다. 완치되기까지 2년여 투병 기간을 통하여 삶의 의미에 대한 진지한 고민을 하면서 사려 깊은 학생으로 성장하게 된 것입니다.

고등학교 신입생이었을 때 만났던 그 학생은 나무랄 데 없이 반듯한 청소년 그 자체였습니다. 학급 반장으로서 항상 올곧은 행동으로 친구들의 모범이 되는 학생이었습니다. 늘 생각이 많고 조용히 책을 가까이 하는 비범한 학생이었습니다.

뿐만 아니라 수학여행 장기자랑대회에서 보여줬던 파격적인 댄스 시범은 전교생을 깜짝 놀라게 만들었습니다. 그 가슴속에 있었던 불같은 열정을 볼 수 있었습니다. 평소 가장 내성적이었던 친구와 더불어 댄스 공연을 준비하면서 그 친구에게 용기와 자신감을 불러일으켰던 마음의 배려가 남다른 학생이었습니다.

어느 누구보다도 더 깊은 고통의 터널을 지나온 그는 청소년기의 방황 속에서 갈 길을 찾지 못하고 있는 이 시대의 청소년들을 향하여 외치고 있습니다. 진리는 무엇인가? 우리는 왜 사는가? 우리에게 주어진 현실이 얼마나 행복한지 그 사실을 자신의 경험을 바탕으로 하나하나 말하고 있습니다. 친구들의 진정한 행복과 꿈을 위하여, 현실과 꿈을 오가면서 평범한 친구 사이의 대화를 통해 진리를 찾아가는 여정을 시작하고 있습니다.

그가 역경과 고통을 통하여 진리를 찾은 경험이 이 시대의 청소년들을 위한 인생의 좋은 길잡이가 될 것입니다. 그의 이야기는 이 시대의 청소년들에게 인생의 나침반이요 방황의 끝을 기대할 수 있는 치료제와 같은 것입니다. 지금도 방황하고 있는 청소년들을 향한 그의 따뜻한 이야기는 기나긴 길을 지나온 나그네의 확신에 찬 외침이며 자기 고백이기도 합니다.

현실과 환상의 세계를 오가면서 경험한 이야기 속에는 우리에게 하고 싶은 이야기가 가득합니다. 환상 속의 노인을 만나 진정한 삶의 의미를 깨달은 주인공은 드디어 진리를 찾아서 자신감 넘치는 걸음을 한 걸음 내딛고 있습니다.

오늘도 그는 책상 앞에 앉아 자신의 꿈을 이루기 위해서 진리에 대한 분명한 확신과 자신의 진정한 의미를 가지고 천천히 나아가고 있습니다.

2012년 2월 10일
통영고등학교 교사
하만호

머리말

　이 책은 제가 가진 가치관을 여러분께 주장하기 위해 쓴 것이 아닙니다. 이 책은 자신의 가치관을 확립하고 인간으로서 살아가는 삶이 얼마나 행복한 것인지를 말해주기 위해 쓴 책입니다.
　현대 사회에선 대부분의 사람들이 급박하게 살아갑니다. 그래서 '나는 왜 사는가?' 라는 질문을 할 여유를 가지지 못합니다. 그리고 한 번쯤 해보더라도 이 질문에 대한 궁극적인 답을 이성으로는 찾을 수 없다는 이유로 생각하기를 멈춰버립니다.
　이러한 삶이 잘못되었다고 할 수는 없습니다. 하지만 자신의 존재에 대해 생각해보지 않는다면 삶의 무한한 가능성을 버린다거나 깊은 회의에 빠질 수 있습니다.
　저는 기독교인입니다. 하지만 기독교 사상을 여러분께 강요하고 싶지 않습니다. 다만 우리의 인생은 현실에 묶어두기엔 너무나 광대하고 가치 있다는 사실을 말씀드리고 싶습니다. 그리고 현실에서의 성공으로 인한 행복보다 자기 자신의 존재가 분명해짐으로써 느끼는 행복이 더 크고 가치 있다는 사실 또한 강조하고 싶습니다.
　이 책을 읽고 조금이라도 여러분께서 존재의 회의에서 벗어날 수 있다면 저는 더할 나위 없이 기쁠 것입니다. 머리말을 마치면서 다시 한 번 여러분이 진정한 행복을, 진정한 자신만의 진리를 찾으시길 기원합니다.

2012년 2월 10일
박지인

차례

추천사 ·················· 02
머리말 ·················· 04

잃어버린 진리를 찾아서!! ················ 07
첫 번째 날, 새로운 만남 ················ 11
두 번째 날, 첫걸음 ················ 21
세 번째 날 ················ 39
네 번째 날 ················ 61
다섯 번째 날 ················ 95
여섯 번째 날, 잘못된 걸음 ················ 126
일곱 번째 날 ················ 152
여덟 번째 날 ················ 188

진리를 알지니 진리가 너희를 자유롭게 하리라
(요한복음 8장 32절)

잃어버린 진리를 찾아서!!

찌는 듯한 무더위의 연속이다. 언제나 느끼는 것이지만 여름의 더위는 생각하는 것마저 귀찮게 만들어 버린다. 지긋지긋하게 이어지는 똑같은 나날을 보낼 때면 더욱 그렇다. 여름만 되면 거리의 사람들이 인상을 쓰는 이유를 알 것 같다. 지금 내가 느끼는 감정이 그들의 표정에 여실히 드러난다.

이렇게 생각하기 싫은 와중에도 끊임없이 밀려오는 생각이 있다.

'나는 왜 사는 거지?'

때로는 이런 내 모습에 '열다섯 살인 나에게 너무 어울리지 않는 게 아닌가?' 하는 생각도 했지만 그 생각이야말로 어울리지 않는 생각이다. 그건 즐거운 인생 놔두고 그 무슨 고리타분한 생각인가 하면서 회피하려는 것에 불과하다. 인터넷을 뒤지고 아무리 책을 읽어도 답이 나오지 않는 이 질문은 계속해서 뾰족한 해답이 잡히지 않았다. 실망했다기보다는 절망적이었다. 내가 사는 목적도 모르고 이렇게 살고 있다니…….

삶의 의욕이 도무지 생기지 않았다. 톨스토이는 자신의 존재이유를 알 수 없는 것 때문에 자살할까 봐 자기 방에 있는 밧줄과 총을 제거했다고 했던가.

'만약 인간에게 삶의 목적이 없다면 무엇을 위해 인생을 즐기고 무엇을 위해 남에게 봉사하며 살아간단 말인가?'

하지만 이런 생각이 메아리칠 때마다 삶을 회피하려는 나를 벼랑 끝에서 끌어당기는 무언가가 존재했다. 바로 그것이 나를 살게 만드는 목적이라 생각한다. 그것은 진리일 것이고 나는 진리를 추구하는 자이다.

이런 생각을 하고 있는 지금 이 순간, 그것의 정체를 알지 못하면 미쳐버릴 것만 같다! 어서 빨리 나에게 진정한 목적이 밝혀졌으면 한다. 그러나 진리는 숨바꼭질하듯 고의적으로 숨어버린다. 아무리 찾으려 발버둥쳐도 소용없다. 나는 실제로 발버둥치며 이 답답하고 아무 도움도 안 되는 육체에서 탈피하고 싶었다. 하지만 잠시 이런 모든 생각을 멈추기로 했다. 머리가 너무 아프기 때문이다.

나는 오늘도 여느 때와 같은 생활을 한다. 단지 다른 점이 있다면 학교 쉬는 시간에 교정 벤치에 홀로 앉아 오늘이 여느 때와 같아야 하는 이유를 생각하고 있다는 것이다.

마음이 평안해지자 주위의 사물을 눈여겨보기 시작했다. 초록빛이 지나쳐서 푸르러 보이는 나무들과 연둣빛 잔디, 나뭇잎 하나 없이 깨끗한 길을 거니는 아이들, 드물게 보이는 곤충과 노래하는 새들, 그리고 이렇게 지극히 평화로운 풍경 중에서 잘 보이지 않지만 나름 즐겁게 소음을 뽑아대는 매미가 있었다. 매미라……. 오늘따라 매미가 자꾸 떠올랐다. 매미는 하루 종일 소리를 내는데도 지치지 않았다. 잠시 그런 매미에 대해 생각해 보았다.

'너는 왜 우니?'

'내 짝을 찾기 위해서지.'

'왜 짝을 찾아야 하니?'

언뜻 보기에는 터무니없고 바보 같아 보이는 질문이지만 나에게는 그렇지 않았다.

'그래야 내 자식을, 나의 피를 퍼뜨릴 수 있으니까.'

'왜 그래야 하니?'

'그건……동물의 본성이기 때문 아닐까?'

'그런 것 같구나……. 그럼 왜 너의 씨를 퍼뜨리는 것이 동물의 본성이라도 생각하니?'

'그건…….'

'동물의 본성은 어디서 비롯되었으며, 왜 그것이 살아가는 목적이 되어야 하니?'

'…….'

'멍청한 놈!'

나는 이 질문의 끝이 어디인지 알고 싶었다. 그러나 나의 머리, 아니 어쩌면 인간의 머리로는 도저히 찾을 수가 없었다. 매미에게는 인격이 없다. 그들은 단지 같은 삶을 반복하고 물려주면서 살아갈 뿐이다. 노예가 명령을 따르듯이…….

나의 삶 또한 어쩌면 매미의 삶과 다를 바 없을 수도 있다. 최종적인 목표는 잘 먹고 잘 살아서 '후세'라는 것을 만드는 것이고, 그것을 좀 더 편하게 달성하기 위해 문명을 발전시켜 나가는 것일 뿐이고…….

하지만 이렇게 생각할 때 내 가슴속에서 뜨거운 반항심이 생겨나기 시작했다. 나는 매미가 인격을 가졌다고 가정했었다. 나는 그것이 무엇을 의미하는지 알 수 있었다.

'조금 더 진화한 동물 정도로 단정 지어 버리기에 우리 인간은 너무 특별하다. 인격은 축복이란 말이다.'

나는 답답한 가슴을 터뜨려 세상을 향해 소리쳤다.

'인간은 다른 동물과는 다른 개체다. 무엇인가 특별한 것이 나에게 있고 그것이 내 삶에 관여되고 있다. 어떤 것이 진리라 해도 난 의로운 반역을 일으킬 자신이 있다. 결코 난 평범하지 않다고!'

그때 종소리가 울려 퍼졌다. 수업이 시작되었다. 어쨌든 나의 단기 목표는 좀 더 나은 고등학교에 입학하는 것이니 나의 망상은 여기서 접기로 해야겠다.

첫 번째 날, 새로운 만남

　드디어 모든 수업을 마쳤다. 사실 나는 잡힐 듯 말 듯한 이 진리에 대해 생각하느라 대부분의 수업을 제대로 듣지 못했다. 이제 수업을 마쳤다는 것은 자유롭게 내가 원하는 것을 생각할 수 있다는 것을 의미했다. 이런 생각들로 인해 가슴이 벅차올랐다. 그리고 '의로운 반역' 이라는 말이 떠오르자 나는 스스로가 자랑스러워졌다.
　빨리 학교를 떠나고픈 마음에 허겁지겁 가방을 챙기고 서로 먼저 나가기 위해 교문을 비집고 나가는 학생들이 보였다.
　'과연 이 중에 자기가 사는 이유를 알고 있는 애들은 몇 명이나 될까? 분명 이 중에서도 나처럼 진리를 찾아 방황하는 녀석이 있을 거야.'
　사실 이 나이 때에는 이런 것들을 의식하기 쉽고 나름 고민들을 많이 한다. 하지만 이들이 그런 고민을 하면서도 어떻게 이렇게 아무렇지 않게 살아가는지 이해할 수가 없다. 그때 뒤에서 누가 날 불렀다.
　"지우야!"

준영이었다.

"집에 안 가냐?"

"그러는 너는?"

한동안 말이 없었다. 준영이는 지금까지 내가 만났던 사람 중에서 가장 착한 녀석이었다. 누구에게나 형이나 오빠처럼 대해 주는 멋진 녀석이었다. 나는 준영이와 친구가 된 것을 축복으로 여겼고 내 예상이지만 그도 그럴 것이다. 우리는 평소에 어울려 다니는 친구이면서도 그것을 넘어서는 좀 특별한 관계를 가지고 있었다. 뭔가 평범하지 않으면서 서로에게 알지 못하는 영향을 미치는 자석과 같은 사이였다. 나는 그런 우리 사이가 자랑스러웠다. 준영이가 말을 이었다.

"어……내일 일요일이잖아……. 그래서 말인데……."

"미안한데 난 남자랑 사귀는 데 취미 없어."

"그게 아닌 거 알잖아! 끝까지 들어봐……."

"뭔데 속 시원하게 말 못 해?"

사실 나는 준영이가 무슨 말을 하려는지 알고 있었다.

"나랑 같이 교회에 가주면 안 되냐?"

"왜 혼자서는 안 되는데? 그런 건 커서 애인이랑 같이 가란 말이야."

"농담 아냐! 갈 거야 말 거야?"

"됐어, 나 요즘 생각할 게 많거든."

갑자기 녀석이 피식하고 웃었다.

"왜?"

"너 요즘 혼자서 생각 참 많이 하더라?"

"그게 뭐 어때서?"

녀석이 재빠르게 내 책상 서랍에 있는 톨스토이의 《참회록》을 꺼내들었다. 그리고 말을 이었다.

"너……네가 왜 사는지 알고 싶어서 그러지?"

가슴이 뜨끔했다.

"어떻게 알았어?"

"그냥……. 감이 팍 오더라."

"너 혹시 답을 아냐?"

녀석이 말없이 나를 쳐다봤다.

"만약 알고 있다면?"

"그건 네 사이비 종교관에서 비롯된 거겠지?"

"야, 사이비라고 하지 말랬지?"

"어쨌든, 알아?"

"그래. 근데 네가 교회에 안 나오면 안 가르쳐 줄 거야."

"그래? 어차피 종교 같은 건 필요 없었어. 난 네 사이비 같은 대답 대신 진짜 진리를 스스로 알아낼 거야!"

녀석이 막 웃어댔다.

"내가 장담하건데, 넌 내가 아는 답 외에 어떤 답도 얻을 수 없을 거다."

"두고 봐, 임마."

결코 평범하지 않은 이 대화가 나는 기뻤다. 나는 종교를 믿지 않지만 그것에서 어떤 실마리를 찾을 수 있을 듯했기 때문이다. 준영이의 생각이 옳든 옳지 않든 내가 진리를 발견하는 데 많은 도움을 줄 것이다.

"그럼 다음 주에 보자!"

나는 무언가를 외치면서 가만히 서 있는 친구와 멀어져 갔다. 그 날따라 친구의 목에 있는 십자 형태의 목걸이가 눈에 띄었다. 그러나 내일 교회에는 안 갈 생각이다.

후덥지근한 바람이 불어왔다. 빨리 에어컨이 틀어진 버스 안에 들어가고 싶은 마음뿐이었다. 마침 버스가 도착했고 나는 햇빛이 닿지 않는 자리에 앉았다. 언제쯤 이 풍경들이 하얗게 눈으로 덮일까 생각하는 중에 평소에 자주 마주치는 건달 녀석들을 보았다. 나이에 걸맞지 않은 차림새며 행동을 취하는 이 녀석들은 심지어 양팔에 여자까지 끼고 있었다. 녀석들은 횡단보도 맞은편에 있었는데 사람들이 보고 있는데도 부끄러운 짓을 서슴지 않았다. 도저히 같은 학교 학생이라 믿기질 않았다.

이제 모든 것을 다 잊고 깊이 생각에 몰두하고 싶었다. 그렇게 눈을 감고 생각에 몰두하자 뭔가 평소에 생각하던 것과 모순되는 것을 느꼈다. 불건전함이 더럽다는 것은 익히 알고 있었다. 하지만 그것을 그저 더럽다고 느끼고 지나가기에는 뭔가 마음에 걸렸다. 어떤 무엇인가 있었다. 그리고 깨달았다. 내 마음이 시원하지 않았던 것은 그 불건전함을 더럽다고 느낀 마음의 근원을 알지 못하기 때문이었다.

'왜 나는 불건전함을 더럽다고 느끼는가?'

때로는 이론적이지 못하더라도 본능적인 것을 믿고 나아갈 때가 많다. 우리 주변에서 일어나는 객관적인 판단 문제를 제외한 도덕적 갈등들은 대개 본능적인 것에 가까웠다. 깊이 파고들면 파고들

수록 끝을 알 수가 없기 때문이다. 그것은 사랑이나 증오와 같은 감정들이 대부분이다. 나는 그 본능적인 가치관의 출처를 알고 싶었다. 그리고 그것이 내가 찾는 진리라는 것은 확실했다.

선과 악. 상당히 종교적이고 추상적으로 들리며, 고정관념의 냄새가 났다. 그것을 떠올렸을 때 이런 생각을 할 수 있었다.

'동물의 본능은 씨를 퍼뜨리고 물질적, 즉 살아가는 데 필요한 에너지를 충족시키는 것이다. 동물은 이런 삶의 목표를 이루는 과정에서 가정이라는 개념을 가지게 되었고, 자신과 가족이 물질적으로 충족되기 위해 서로 보호하고 아껴주는 데서 사랑과 행복이라는 개념을 얻게 되었다. 이에 반해서 자신의 물질적 충족을 채우기 위해 남이라는 개념을 저버리고 다른 가정의 동물적 본성을 깨면서까지 자신의 본성을 추구하는 것은 악이자 불행으로 여겨진다.'

그러므로 '선은 추구할 것, 악은 배척할 것'이라는 결론이 나왔다. 이제 나에게 종교 같은 것은 인간이 자신을 위로하기 위한 하나의 수단으로밖에 여겨지지 않았다. 희망적이진 않았지만 나름 만족했다.

그때였다. 또 한 번의 반항심이 일어났다! 이 이론은 전혀 즐겁지 않았다. 분명 행복은 선이자 추구해야 할 것이라 했다. 모든 이가 그렇게 생각했고 그것은 하나의 본능이요 진리였다. 그런데 행복을 지향하는 논리가 행복을 느끼게 해주지 못한다는 것은 크나큰 모순이 아닌가. 이 반항심이 본능에서 나오는 정의심이라는 것을 느꼈을 때, 나는 잊고 있었던 하나의 단어를 떠올렸다.

'그래, 매미야!'

동물의 본성은 그 출처를 알 수 없다. 이것은 우리가 흔히 쓰는 '자'로 길이를 섬세히 재면 잴수록 절대적으로 정확해질 수 없음을 깨닫는 것과 같다. 아름다움과 같은 추상적인 개념엔 이유가 없다. 그러나 내가 찾는 진리는 그런 수많은 톱니바퀴들을 돌아가게 하는 '축'이 되어 줄 것이다.

'동물의 본성은 그 출처를 알 수 없다. 그것이 우연히 환경이 맞아 진화한 데서 나왔다고 하기엔 너무 심오하다. 게다가 인간도 동물적 본성에 따라 살아야 한다는 가정이 인간의 인식 밑바탕에 깔려 있지 않은가? 그러므로 우리에게 이런 우연에서 만들어진 목적 따윈 아무 쓸모도 없는 것이다!'

사람들은 생각했다. '왜?'라는 물음을 끝까지 물어가는 것은 어리석은 짓이라고. 그 답을 몰라도 이렇게 잘 살고 있다고. 하지만 그것은 회피다. 선과 악이 그들에겐 당연한 것이었다. 그들은 그것을 노예처럼 따르기만 하면 된다고 생각했다. 살아 있다는 것이 얼마나 축복인지를 회피하고 있었다. 이렇게 진리는 자기를 찾아주는 이가 없어 슬퍼하고 있었다. 진리가 나를 도망친 것이 아니었다. 이미 대대로 내려오는 딱딱한 고정관념이 나를 지난 10여 년 동안 진리에서 멀어지게 하였고, 많은 사람들이 자기 삶의 의미도 모른 채 인생을 마감하도록 만든 것이다. 그리고 난 그 잃어버린 진리를 찾는 데 오랜 시간을 보내 왔다. 사실 아직 찾지 못했다. 하지만 나는 노력할 것이다. 이미 사람들의 의식이 틀렸다는 것을 확신하기 때문이다.

'인간은 특별해!'

이것이 나의 마지막 생각이었다.

"다녀왔습니다."

"그래, 조금 늦었구나."

엄마가 문을 열어 주시며 말씀하셨다. 방금 한 대화는 사적인 대화의 시작이자 끝이었다. 언제부턴가 엄마와 나 사이의 주된 대화는 학업과 진학에 관한 것들뿐이었다. 이런 상황이 무척 싫었지만 어쩔 수가 없었다. 이렇게 살아야만이 세상에서 살아남을 수 있으니까…….

그대로 방으로 들어갔다. 머릿속이 복잡했다. 머릿속에서는 두 개의 주제가 떠돌고 있었다.

'진화. 창조.'

세계에서 가장 대립이 심한 두 개의 이론. 어쩌면 여기서 진리를 찾을 수 있겠다는 생각이 들었다. 어찌 보면 진화도 창조의 한 부분일 수 있었다. 생물이 진화를 하는 것은 창조 이후에도 얼마든지 가능하기 때문이다. 하지만 나는 창조론을 마음 한 구석에 밀어 놓기로 결정했다. 나는 어느 한쪽에도 편파적이지 않은 방법으로 진리를 찾고 싶었기 때문이다. 그리고 그것이 내가 준영이에게서 아무 말도 들으려 하지 않았던 이유이다.

'신이 존재한다면 그는 지금까지 내가 지어온 크고 작은 죄악들을 용서해 줄까?'

그때 문득 떠오른 감정은 유감스럽게도 두려움이었다.

'이 생각은 사후를 알지 못한 부처의 고찰과 인(仁)과 예(禮)를 중요시하여 도덕적인 행동을 강조했으나 정작 그것들의 이유를 따지지 못했던 공자의 사상의 한계를 뛰어넘어야만 가능하다. 나는 이 훌륭한 성인들의 발자국이라도 살필 수 있는가?'

좌절의 극치를 느낀다. 예전에 내가 느꼈던 인생에 대한 회의가 다시 밀려오는 듯하다. 그러나 다시 마음을 굳게 먹었다.

'아니! 진정한 진리는 모두에게 일반적으로 있는 것이다. 나라고 못할 것 있겠는가?'

이윽고 정신을 차리니 아까부터 굳은 듯 서 있는 내가 보였다. 그리고 그런 현실을 보자 갑자기 엄청난 잠이 쏟아졌다. 나는 갈대 같은 몸을 침대로 쓰러뜨리며 혼란스러운 머리를 잠재웠다.

※

"아아아아!"

거친 숨을 몰아쉬며 깨어났다. 분명 어딘가에서 떨어지는 것 같은 느낌이었다. 그러나 뭔가 달랐다. 불은 꺼져 있었고 무엇인가가 나를 덮고 있었다.

'엄마가 이렇게 해줬나?'

꿈은 아니었다. 지금 확신할 수 있는 것은 이것밖에 없었다. 집이라기에는 환경이 너무 달랐다. 몸을 일으키는데 침대는 온데간데없고 거친 이부자리만이 내 손에 느껴졌다. 눈이 서서히 어둠에 적응되어가자 사방에는 못 보던, 그리고 한눈에도 옛날 물건이라는 것을 알 수 있는 것들이 놓여 있었다.

어떻게든 나가야겠다는 생각에 더듬거리며 일어났다. 그제야 가느다란 빛 한 줄기가 먼발치에서 새어들어 오는 것이 보였다. 나는 그쪽으로 향했다. 휘장 같은 장치였다. 그것을 걷었다.

놀랍게도 내 눈앞에는 영화에서만 볼 수 있는 풍경이 장관을 이루고 있었다! 푸르고 드넓은 들판, 눈 덮인 산, 맑은 호수, 맑은 하늘과 눈부신 태양, 서늘한 공기, 그리고 이리저리 뛰노는 아이들과 양들. 현실이라고는 믿을 수 없는 놀라운 풍경이었다. 나도 모르게 눈물이 고이며 코끝이 시렸다.

한참을 감격해 있는 나에게 누군가 말을 걸었다.

"아들아!"

"……?"

아들이란 호칭에 순간 아빠인가 하는 생각이 들었지만 뒤돌아보니 한 노인이 나를 쳐다보고 있었다. 양처럼 순한 미소, 즐거움과 행복을 초월한 그 미소에서 나는 원초적인 사랑을 느낄 수 있었다.

누구냐고 물어볼 틈도 없이 노인이 물었다.

"진리를 원하느냐?"

"……!"

어리둥절했다. 모르겠다. 무엇부터 알아야 하고 어떤 행동을 하고 어떤 눈빛을 보내야 할지. 짧은 순간에 긴 시간이 지나간다. 그리고 내 입에서 나온 한 마디. 내 육체의 모든 세포 하나하나가 이 말에 동의했고 그와 함께 엄청난 세계를 맞이할 태세를 갖추었다.

"네!"

노인은 이미 알고 있었다. 그는 대답 대신 깊은 미소를 지었다. 순간 의식이 흐릿해지며 노인 또한 넓은 벌판 한가운데로 사라져 갔다.

"아아아아!"

돌아왔다! 무슨 일이 있었는지 기억을 더듬어 본다. 정신이 뒤숭숭해서 뭐가 뭔지 아직 얼떨떨하지만 아주 기쁜 일이라는 것은 의심의 여지가 없었다.

그렇다. 나는 진리에 가까웠고 그 노인은 내게 진리를 가르쳐 주려는 것이었다. 아, 어쩌면 이것이 내 인생의 가장 즐거운 순간인지도 모른다! 이 기쁨! 이 환희! 평생을 바쳐 온 일을 성취했다 해도 이보다 기쁠 순 없을 것 같다. 아마도 스베덴보리가 천국을 발견했을 때 이런 감정을 느끼지 않았을까? 어쨌든 나는 느낄 수 있었다. 그저 꿈이 아니라 앞으로 내 삶이 바뀔 것이라는 것을.

두 번째 날, 첫걸음

날씨가 아주 화창하다. 나는 지금 바다가 보이는 집 근처의 공원을 걷고 있다. 혼자 생각에 잠기고 싶을 때면 이곳에 오곤 한다. 끝없이 잔잔하게 출렁이는 바다는 언제나 그 넓은 마음으로 나에게 많은 것을 가르쳐 주었다. 밤에는 어둠을 밝히는 가로등처럼 외롭게 홀로 선 나에게 고독을 가르쳐 주기도 했다. 하지만 오늘은 달랐다. 나는 내 기쁜 감정을 바다에게 말하러 왔다. 나는 꿈 이야기를 늘어놓았고 바다는 언제나 그랬듯이 내 이야기를 들으며 함께 웃어 주었다.

나는 지금과 이전의 삶을 비교해 보았다. 회의와 허무로 인한 공포, 그리고 이제 새롭게 생기기 시작한 희망. 나는 달라져 있었다. 내가 왜 살아야 하는지에 대한 답, 즉 인생의 목적이 다가온다는 것을 느끼고 있었다. 그리고 이내 전에 느꼈던 자살충동은 나에게 어이없는 회피로 느껴졌다. 만약 그 당시 감정을 이기지 못하고 높은 곳에서 뛰어내렸더라면 얼마나 후회하고 후회했을까.

바다를 앞둔 절벽 밑의 바위에는 절벽에서 뛰어내린 사람들의 수

많은 손자국이 나 있다고 한다. 후회. 그들은 자신의 즐거웠던 날을 돌아가는 필름 한 장 한 장을 읽듯이 보게 된다고 한다. 자살은 정말 슬픈 것이다. 다시 즐거웠던 삶으로 돌아가지 못한 사람이 있다는 것은 인류에게 있어서 중요한 문제이다. 내가 진리를 찾고자 하는 것은 나만의 만족을 위해서가 아니다. 많은 사람들이 자살로 생을 마감하는 안타까운 보도를 접할 때마다 내 마음 한구석에서 밀려오는 사회적인 존재로서의 책임감을 느끼기 때문이다. 그래서 존재의 회의로 인해 슬퍼하는 사람들에게 행복을 나눠 주고 싶었다. 인간에겐 목적이 있다고, 사실 삶은 살아 볼 만하다고.

한적한 일요일 오후다. 슈퍼마켓에 아이스크림을 사러 간다고 집을 나섰지만 지금은 아무것도 손에 쥐지 않고 거리를 떠돌고 있다.
꿈의 후유증을 벗어던질 수가 없다. 삶에서 가장 지루한 부분마저 떨리고 기대되는 일이 되어가는 듯했다. 순간 나는 주위를 둘러보았다. 평소에는 그냥 지나쳤을 것들이 새로운 의미를 가지고 나에게 다가오기 시작했다. 거리를 걸어가는 사람들. 걸어가는 모습은 모두가 같아 보이는데 제각기의 목적과 목적지를 가지고 있다는 것이 참 신기해졌다. 오늘따라 그 모든 사람들이 귀하게 여겨졌다. 평소 같았으면 '나와 상관없는 아무 쓸모없는 무리' 라 생각했겠지만 오늘은 달라 보였다. 언제부턴가 사람에 대한 사랑이 피어오르고 있었다. 그리고 그 인류에 속해 있는 나 자신이 자랑스러워졌다. 이것도 꿈의 효과이겠지. 단순히 진리를 알 수 있다는 그 희망만으로 나는 변화하고 있었다.

근처의 조그마한 공원에 들어갔다. 그리고 이곳에 올 때마다 늘 앉던 벤치로 갔다. 나는 그의 너그러운 사랑과 숱한 세월을 함께한 넉넉함에 감사하며 몸을 맡겼다. 주위의 텁텁한 공기는 나에게 황홀한 감정을 주었다. 그리고 그 감정에 이끌려 하늘을 보았다. 떠다니는 구름의 모양을 짚어 보았다. 행복했다. 선택받은 영웅이 된 것처럼 내 자신이 자랑스러웠다. 아, 얼마나 동경하고 맛보고 싶어 했던 느낌인가. 단지 그 꿈 하나로 모든 것이 바뀐 듯했다. 다시 땅을 보았다. 하지만 땅은 나의 이런 한적함을 빼앗아 버렸다…….

'억!'

나는 소스라치게 놀랐다. 그리고 앉아 있던 벤치에서 잽싸게 튕겨 나왔다. 내가 본 것은 다름 아닌 죽은 매미였다. 그뿐만 아니라 개미 떼가 그 매미를 이리저리 물어뜯고 있었다.

재빨리 눈길을 돌리고 공원을 빠져나왔다. 갑작스런 이 현상에 의문을 품지 않을 수 없었다.

'혹, 무슨 메시지가 아닐까? 전에 생각했던 그 매미랑 상관이 있는 건가?'

잠시 생각해 봤다. 곧 내 얼굴에는 웃음이 떠올랐다.

'고작 매미 하나 가지고 놀라기는……. 내가 너무 민감한 것 같군.'

개미가 매미를 먹는 것. 비록 연관되진 않지만 나는 약육강식의 동물의 본성을 떠올릴 수 있었다. 약육강식……이것은 인간에게도 너무나 잘 어울리는 단어이다. 사람들이 인간을 동물의 한 부류라고 생각하는 것은 이런 모습들 때문인지도 모른다. 서로를 짓밟고 물어뜯어가며 명예와 부를 위해 올라가려는 모습, 끝없이 시체를 만들어가며 그것을 계단 삼아 올라가려 하는 모습……여지없는 동물의 모습이다.

　나는 인간이 동물과 다르다는 확실한 증거를 알고 싶었다. 무엇으로든 나 자신을 정당화시켜 이 허무에서 벗어나고 싶었다. 인간과 동물은 확실히 다르다.

　학교 수업시간에 배운 실험 하나가 떠올랐다. 어떤 원숭이 두 마리를 실험실에 함께 두고 그곳에 어떤 장치를 해두었다. 그 장치에는 먹이가 들어 있었고 그 먹이를 먹기 위해서는 반드시 줄을 잡아당겨 장치를 열어야 하는데 그러기 위해선 두 마리 모두의 힘이 필요했다. 원숭이들은 그것을 먹기 위해서 발버둥치다가 우연히 두 마리가 함께 그 줄을 잡아당기게 되고 먹이를 먹게 된다. 그다음 그중 한 마리를 실험실에서 내보내고 다른 새로운 원숭이, 즉 장치를 이용할 줄 모르는 원숭이를 넣었다. 그런데 남아 있는 원숭이가 장치를 이용하는 방법을 이미 알고 있는데도 그 둘이서 다시 먹이를 먹는 데 걸린 시간은 이전과 비슷했다. 지식의 전달, 이것을 통해 인류의 지혜는 나날이 더해가고 현재의 문명을 이룩할 수 있었다. 이렇듯 인간은 동물과는 뭔가 다르다. 그러나 도저히 증명할 방법이 떠오르지 않는다. 모든 것들이 고도로 발달된 지능 때문이라고 해버릴 수 있지 않은가? 무언가 답답했다.

　나는 또 다른 원숭이를 떠올렸다. 학교에서 다큐멘터리를 봤다. 딸 원숭이가 병으로 죽자 어미 원숭이는 딸의 몸이 말라 미라가 될 때까지 계속 짊어지고 다녔다. 나는 그 모습을 보고 남몰래 눈물을 흘려야 했다. 이것이 단순히 종족 번식의 확률이 줄어든 것에 대한 슬픔이 아니라는 것을 안다.

  나는 생각했다. 과연 인류가 가지고 있는 가치들은 단지 높은 지능에서 나온 것인가? 인간을 동물과는 다른 부류로 인식할 수는 없는가? 인류애도 어쩌면 상대방도 나와 같은 감정을 가졌다는 것을 알 수 있는 수준의 지능으로 인해 생긴 가치일 수도 있다. 혼란스러웠다. 스스로를 정당화시키는 축을 잃어버린 나는 이리저리 휘청거릴 수밖에 없었다. 나는 그저 약육강식에서 살아남는 기계에 불과한가? 인간다움이라는 것은 존재하지 않는가?

  살아 있다, 산다는 것은 무엇인가? 삶으로 인해서 얻을 수 있는 것에는 무엇이 있는가? 죽지 않을 수 있다. 우리는 먹고 마심으로 죽음으로부터 조금 더 도망칠 수 있다. 그렇다면 모든 생물들이 하나같이 죽음을 싫어하는 이유가 뭘까? 인간의 입장에서 생각해 보면 그것은 불확실성에 대한 두려움과 의식의 소멸이다. 다른 동물들도 그럴 것이다. 하지만 생각할 수 없는 다른 모든 생물들이 자신의 '종'을 번식시키기 위해 발버둥치고 있다. 이것과 삶의 이유가 관련이 있는가?

  인간의 생명은 한정되어 있다. 그 짧은 시간에 왜 인간은 자신이 하고 싶은 것들을 하는 데 혈안이 되기보다는 자신의 가족, 국가, 인류의 발전과 평화를 위해 끝없이 악에 맞서 선으로 싸우는가? 기득권층이 자신들의 특권을 유지하기 위해 만든 거짓인가? 아니다. 우리가 인간다움이라 일컫는 따뜻한 정들은 어디에서 나타난 것인가?

  '개미는 자신들의 왕국을 만든다. 코끼리는 자신의 혈육이 아니라도 입양을 한다. 원숭이의 가족애는 인간 못지않다.'

그리고 인간은 이 모든 속성을 지녔다. 한정된 시간, 가까워지는 죽음을 바라보면서도 고등생물들이 이런 것들을 지켜나가는 이유는 무엇인가? 아무 죄가 없는데 어째서 인간은 자신의 십자가를 피를 흘리며 골고다까지 끌고 갈 수 있었던 것인가? 도대체 왜?

또 한참을 방황했다. 많은 생각을 했지만 진전이 없는 듯하다. 이제 슈퍼마켓에 들렀다가 집에 갈까 싶다.

"지우야!"

횡단보도 건너편에서 준영이가 소리쳤다. 초록불이 되자 뛰어오는 것이었다. 아, 얼마나 감사한지. 그는 그나마 내 이야기를 들어줄 수 있는 정신 세계를 가지고 있었기에 나는 말상대가 생긴 것이 기뻤다.

"어디 가냐?"

"그냥 간다."

준영이가 들고 있는 성경책이 눈에 띄었다. 또 거길 다녀오는 거겠지. 말없이 걸었다. 녀석도 따라왔다. 지나다니는 사람을 의식하지 않고 걷기로 마음먹었다. 이제 마음을 굳게 다지고 물어봐야 하기 때문이다.

가장 가까운 곳에 있는 벤치에 혹시 또 벌레 시체가 있는지 살핀 뒤 앉았다.

"이제 말해봐."

"뭘?"

"사람이 살아야 하는 이유."

녀석이 씩 웃었다.

"때리기 전에 웃지 말고 말해!"
"좋아……. 그럼 종교적인 것도 괜찮은 거지?"
"아마 좀 혼날 거야."
내 생각을 뒤엎을 만한 이론이 이 녀석 입에서 나오는 것은 불가능하다는 것을 알고 있었다. 분명 교회에서 배운 암기적인 답이겠지…….
"난 신께 영광 돌리기 위해 살아!"
"……."
기대한 내가 잘못이지.

인사도 어영부영하고 집에 돌아왔다. 도저히 내 사상으로는 이해 불가능한 종교적인 답이었다. 어떻게 이런 것을 의심 없이 받아들일 수 있지? 아무리 생각이 없다지만 나 같으면 절대로 있을 수 없는 일이었다. 나는 그 많은 사람들이 종교를 가지는 것을 이해할 수 없고, 또 이해하고 싶지도 않다. 삶의 가르침을 얻기 위해 믿는다면 이해가 가지만 그들은 그렇지 않다. 완전한 자기 삶의 일부로 받아들였고 말도 안 되는 여러 종교적 관행들도 의심 없이 받아들였다. 나는 그저 그런 것들을 인간의 자아형 과정에서 나타난 모순들이라고 생각할 뿐이다.
집에 들어서자 여동생이 물었다.
"아이스크림은?"
정신이 번쩍 든다.
'젠장.'

사람들에게 '인간은 왜 사는 것일까요?'라고 물어보면 어떤 사람은 거듭되는 세대를 위해서 살아야 한다고도 하고, 또 죽지 못해 산다, 착한 일로 명예를 얻기 위해, 행복하기 위해, 부모를 위해, 이유가 없다, 우리는 동물일 뿐이다라고들 말한다. 그렇게 대답하는 사람들 중 몇몇은 멍청하기까지 하다.

유감스럽게도 이 모든 답변들은 동물의 본성이 왜 있는지조차 모르면서 세워진 답이었다. 기반 없이 모래 위에 세워진 집. 집이 될 리가 없다. 그러나 톨스토이의 《참회록》을 읽은 적이 있었다. 거기서 그는 아주 직설적으로 답했다. 모든 것은 신, 그것도 기독교의 '하나님'을 위해 살아야 한다고 말이다.

'난 신께 영광 돌리기 위해 살아!'

준영이의 답이 어쩌면 그전에 생각했던 여러 답변들보다 나을지도 몰랐다. 하지만 아무리 생각해 봐도 자신이 하나님의 아들이라고 한 예수 그리스도나 십자가는 나에게 딱딱한 서양 종교로밖에 느껴지지 않는다.

톨스토이와 준영이의 답. 적어도 동물의 본성 문제를 들먹일 필요가 없다는 것을 잘 안다. 신이 그러라고 했다니까 뭐라고 할 수 있겠는가. 하지만 도대체 무엇을 근거로 해야 할지 모르는 답이었다.

'정신을 차리자, 정신을.'

머리를 저었다.

'그래, 아이스크림만은 편하게 먹자.'

나는 빠른 걸음으로 집으로 향했다.

공부를 하려고 책상 앞에 앉았다. 언제까지나 생각만 하며 시간을 보낼 수는 없는 법이었다. 어두운 방 안을 유일하게 비춰 주는 스탠드. 다시 한 번 감상에 젖고 싶었지만 지금은 시간이 없다. 시험이 눈앞이다. 불빛 아래엔 여러 예체능 교과서들이 쌓여 있다. 한숨으로 마음을 가다듬은 나는 도덕책을 펼쳐 들었다. 계속 느끼는 것은 도덕이라는 과목이 우리 학생들에게 점차 암기적인 과목으로 바뀌어 간다는 것이다. 아마 내신 때문일 것이다. 한 문제가 인생을 좌지우지하는 냉전의 시대이니 그럴 수밖에…….

하지만 나는 최대한 이해하려고 노력했다. 다른 예체능은 몰라도 도덕만큼은 철학이 들어 있기 때문이다. 이 책으로 공자와 석가모니를 배우고 여러 고대 그리스 철학자와 예수의 가르침을 쉬운 풀이로 예시와 함께 배웠다. 나에겐 모두 즐거운 수업이었다. 때문에 나는 예체능이지만 도덕만큼은 진정한 마음으로 공부했다. 때로는 반박도 해보고 질문도 던져 보았다.

책장을 넘기니 가치와 가치관에 대한 설명이 나왔다.

> 이와 같이 사람들이 소중하게 생각하여
> 얻고자 노력하는 대상을 가리켜 우리는 보통
> '가치'(價値)라고 말하며……
> 본래적 가치란, 다른 무엇을 얻기 위한 방편으로서
> 소중한 것이 아니라 그 자체로서 귀중한 것이고,
> 그 자체가 목적으로 추구되는 가치이다……
> 정신적 가치는 '지적 가치', '도덕적 가치',
> '미적 가치', '종교적 가치'로 나눌 수 있다.

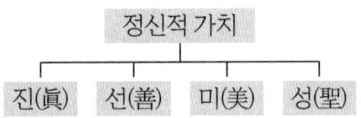

> 종교적 가치의 추구는 인간으로서의 불완전함을
> 극복하고 더 차원 높은 삶을 살아갈 수 있도록
> 하는 힘이 되기도 한다……
> 인간의 불완전함을 깨닫고 초인간적이며 완전한
> 신(神)의 존재를 믿고 의지하고자 한다.

'더 차원 높은 삶……'
나에게 있어서 종교는 원시 때 자연재해를 피하기 위해 자연환경과 동물에게 절을 하는 데서 시작된 하나의 회피수단이었다. 그러나 교과서에서는 종교를 그런 사소한 것이 아닌 하나의 '가치'로서 평가하고 있지 않은가? 한 차원 더 높은 삶……톨스토이…… 그리고 준영이.

공부를 멈출 수밖에 없었다. 신이 도대체 무엇이기에 이렇게 많은 신도를 거느리는가? 나는 내 삶에서 신 때문에 득을 본 일이 거의 없는 듯했다. 하지만 내 주변에서 들리기론 암이 나았다느니, 신부전증이 나았다느니, 귀머거리가 낫고 짧았던 다리가 다시 길어졌다느니……모두 사이비 같았다. 예수는 자신이 신의 아들이라 자칭했다. 그런데 그를 믿는 사람이 이렇게 많다니. 전부 제정신이 아닌 것 같았다.

하지만 또 다른 생각이 들었다.
'동물의 본성이 분명하지 않은 이 세상에선 절대 사랑이나 행복이 인간이 살아가는 이유가 될 수 없다. 진리라는 축이 없기 때문이다. 하지만 동물 본성의 출처를 알 수 없다는 것에서 영향을 받지 않는 유일한 가치가 있다. 그것이 바로 종교이자 신이다. 종교에겐 창조라는 무기가 있지 않은가?'

나는 종교의 방향으로 생각이 치우치기 싫어서 동물의 본성이 영향을 끼치지 못하는 것이 또 있을 거라고 가정할 수밖에 없었다. 몇몇 후보가 있다 하더라도 가치에 속해 있는 것이 없었다. 나는 우리가 존재하는 이유가 우리의 가치 속에 숨어 있다고 믿는다. 왜냐하면 인간은 아무것도 모르면서도 이 세상에 나름의 기준을 정하고 잘 살아가고 있지 않은가? 인간은 믿음의 존재인 것이다. 그저 그것이 옳다고 믿는 가치밖에 존재하지 않는 것이다. 그리고 만약 우리가 의존하는 가치 속에 진리가 있지 않다면, 인간은 그저 허상이고 아무것도 아닌 것이다.

하지만 어느 누구도 그렇게 생각하지 않는다. 인간은 선과 악 그리고 행복과 불행과 남이라는 개념을 가져왔고, 그것으로 만들어 왔던 문명들과, 듣기만 해도 가슴을 따뜻하게 만들고 눈물이 흐르게 만드는 위대한 업적들, 고인들의 위대한 삶 등을 봤을 때 그것은 모순이었다. 이런 모든 일들을 행해 왔던 모든 인간은 삶에 열심을 다했고 그것은 위대한 본능이었다. 석가모니가 먹지 않고 고행하여 해탈한 것은 인류의 허무함을 깨우치기 위해서가 아니었다. 그와 같은 모든 이들은 인간 속에 내재된 선하고 위대한 가능성을 표출시키려 한 것이었다. 인간이 얼마나 어리석고 얼마나 위대한지를 말이다.

내 심장이 빠르게 뛰었다. 어쩌면 종교라는 하나의 가치에 진리가 숨어 있는지도 몰랐다. 만약 답이 그렇게 간단하다면 나는 행복할 것이다. 비록 내가 여태까지 생각해 왔던 것들이 헛수고가 될지도 모르지만 그것이 중요한 것이 아니었다. 만약 내 삶에 살아가는 이유와 목적이 생긴다면 그것만으로도 만족스러울 것이다.

'나는 냉정하다. 종교도 못 받아들일 건 없다.'

그때 진화론이 생각났다. 물론 가치에 들어갈 수가 없었다. 그러나 우리가 동물에서 인간이 된 것이 확실하다면 어떤 가치도 필요 없는 존재성이 '제로'인 먼지의 집합체로서 진리 자체가 없는 것이 될 수 있으니 그 가능성도 배제해 두기로 했다. 우리에겐 가치가 존재하지 않는가? 다윈 또한 기독교를 자신의 삶의 잣대로 여겨왔었고 진화론도 그것을 바탕으로 하였다. 이 세상 어느 누구도 가슴속에서 일어나는 감정은 부정할 수 없는 것이다.

종교를 가치로 받아들인 자에게 종교는 더 이상 가치가 아닌 진리 그 이상이다. 단지 종교가 가치라는 것은 신과 종교를 믿지 않는 자들의 눈으로 봤을 때에 성립하는 것이다. 준영이, 톨스토이, 다윈, 그들의 진리는 신이었다.

'난 신께 영광 돌리기 위해 살아!'

이 외침이 내 마음 한구석을 파도처럼 내려친다.

여름날 아침의 밖은 꽤 시원한 편이었다. 아침부터 매미가 울지는 않았지만 모든 생물이 깨어나고 있음을 충분히 느낄 수 있었다. 버스 정류장은 더욱 그것을 느끼게 하는 장소다. 형형색색의 사람들이 버스를 기다렸다. 내 또래 되는 어떤 아이는 귀에 이어폰을 꽂고 먼 산을 바라보고 있었고, 직장인처럼 보이는 어떤 사람은 연신

시계를 쳐다보았다. 또 어떤 여자아이는 머리모양이 마음에 들지 않는지 건물의 유리를 보며 머리를 손으로 마구 빗었다. 사실 변하는 건 없었다. 갑자기 이런 생각이 들었다.
 '왜 이 사람들은 자신의 존재 이유를 밝히기 위해 노력하지 않는 것일까?'
 그렇다. 사실 그것은 지극히 이상한 일이며 깨우쳐져야 할 사실이다. 하지만 현실은 그렇지 않았다. 많은 사람들이 그것을 의식하지 못한 채 죽어갔다. 나는 그것을 보고 있을 수 없다. 버스가 온다. 나는 교통 카드를 꺼내며 다시 한 번 스스로 다짐한다.
 '저들을 결코 저렇게 죽게 내버려두지 않겠다!'

 수업시간인데도 매우 시끄럽다. 사실 우리가 그토록 기다리던 자습시간을 수학선생님께서 내주신 것이다. 하지만 지금 내 머릿속엔 공부가 들어오지 않았다. 어젯밤에 생각하던 것들이 머릿속을 떠나지 않았기 때문이다. 그때 분필 하나가 내 머리에 떨어졌다.
 "이 녀석, 외고 갈 놈이 자습시간에 공부는 안 하고 멍을 때려?"
 수학 선생님이다. 이 수학 선생님은 약간 까칠하셨지만 우리 학생들과 매우 가까운 친근한 분이었다.
 "어차피 죽을 거니까 공부 안 해도 된다 이거냐?"
 드디어 내 정신이 현실로 돌아오는 순간이었다. 아이들은 여전히 자기 말을 한다고 시끄러웠다.
 "예?"
 선생님께서 나에게 이런 빈정거리는 태도를 보이신 것은 이번이 처음이었다. 그때 내 옆 분단 제일 앞줄에 앉은 형래가 선생님께 말했다.

"선생님, 저희는 죽으면 어떻게 되나요?"

"글쎄다. 아마 의식 자체가 소멸되지 않을까?"

"쌤, 그건 너무 슬픈 거 아니에요?"

"뭐가? 의식이 사라지면 그런 게 어디 있어?"

"그래도 내가 사라진다고 생각하니……."

잠시 아무 말이 없었다. 나는 잠자코 듣고 있었다.

"쌤, 천국이나 지옥이 있으면 좋지 않을까요?"

"글쎄……있다면 넌 지옥일 게다, 윤석아!"

다시 아무 말이 없었다.

"쌤, 전 고고학자가 될 거예요."

"왜?"

"그래서 불로초를 찾을 거예요!"

선생님께서 피식 웃으셨다. 전부터 미래의 자기 직업을 소개하라는 과제가 나왔을 때 쌍안경 하나를 들쳐 매고 어딘가를 이리저리 헤집고 다니는 탐험가를 그려온 녀석이었다. 왜 그런 직업을 택했나 궁금했는데 이런 이유에서였던 것이다. 대화를 들으며 나는 왠지 감격스러웠다. 이런 고민을 해주는 사람이 있다는 것 자체가 나에게 위안이 되었다. 내가 말했다.

"야, 다음에 불로초를 찾거든 나 반 줘야 한다."

형래는 나를 쳐다보며 엄지손가락을 세워 보였다.

"아……."

나는 가방을 내던지고 침대에 누웠다. 그리고 오늘 있었던 일들을 생각해 보았다. 지겨운 하루였지만 나름 특별했다. 나와 같은 생각을 하는 사람이 있다는 것은 나에게 굉장한 위로를 주었다. 그리고 답을 찾을 수 있다는 확신을 심어 주었다.

그렇게 쏜살같이 하루는 지나가고 나의 의식은 또 다른 세계를 향해 빠져갔다.

∽

"아아아!"

깨어났다. 또 저번의 그 천막이다. 말할 수 없는 환희가 다시 날 찾아왔고 확고해진 신뢰감은 내 가슴을 뛰게 하였다. 이번에 노인을 만나면 더 적극적인 자세를 취할 것을 다짐하며 휘장을 걷었다. 아아, 다시금 내 마음을 감동시키는 풍경이다. 나는 입구 바로 옆에 노인이 서 있는 것을 알아차렸다.

"우선 좀 걷자."

노인은 온화한 미소를 머금고 어디론가 걷기 시작했다. 이렇게 단둘이 걷는 모습을 얼마나 많이 상상했던가? 내 가슴은 기대로 가득 찼다. 나는 이것저것 그에게 던질 질문들을 생각해 보았다.

그렇게 걷는 도중에 노인이 강가에서 물을 마시는 양 무리를 지그시 바라보았다. 나도 그쪽으로 시선을 돌렸다. 참 평화로운 모습이었다. 양들은 양치기를 의지하며 먹고 마셨다. 그리고 더 풀이 많은 땅으로 자신들을 인도하는 양치기의 지팡이를 따랐다. 그때 노인이 입을 열었다.

"양에게 있어서 진리는 무엇이겠니?"

나는 생각했다.

"아마……사는 것이겠지요?"

"그래. 물과 풀로 배를 채우고 종족을 번성시키는 것이지."

한동안 멈춰 서 있던 노인이 다시 걷기 시작했다. 그렇다. 노인은 이미 동물의 본성에 대해서 알고 있었다.

"또 위험에 처했을 때 자기 자신과 같은 피붙이들을 보호하는 것이겠지. 사람들은 그것을 너무나 당연하게 알고 있지 않니?"

노인은 높은 언덕에 다다르자 걸음을 멈추고 나를 바라보았다.

"그런 행동이 어디에서 나오는 것인지는 너도, 저기 저 양치기들도, 심지어 양 자신들도 모르고 살지. 하지만 아무도 삶에 지장을 느끼지 않는단다."

노인이 말하는 바를 알 것 같았다. 가장 본능적으로 일어나는 '가치'를 말하고 있었다.

"지구상의 모든 살아 있는 생물들은 믿음의 존재란다. 존재 이유를 몰라도 본능에 따라 살아가지. 오직 믿음 안에서 말이야."

그의 말이 옳았다. 그가 하는 이야기는 변함없는 절대적인 진리였다.

"하지만 그 모든 생물 중에 자신의 존재에 대해 의심할 수 있는 종이 딱 하나 있지."

'……'

"유일하게 악에 물들고, 유일하게 악을 물리치며, 유일하게 자연을 지배하고, 유일하게 자연에게 지배받는 그 종은 바로 인간이란다."

그렇다. 이제 동물과 인간의 차이를 느낄 수 있었다. 존재에 대한 의심과 생각. 그리고 내가 생각했던 인류애. 비록 그것이 단지 고도로 발달된 지능일 수도 있으나 그것들은 인간만의 특성이며 축복이었다. 나는 이 순간만큼 모든 인류를 사랑했다. 그들은 하나하나가 무한한 가능성을 지녔고, 또 서로에게 자신을 나타낼 권리가 있었다. 가슴이 떨렸다. 이 전율은 엄마의 뱃속에서 나와 처음으로 빛을 받을 때의 자유와 같았다. 노인은 모든 것을 알고 있었다. 내가 무엇을 원하는지, 인간에게 가장 필요한 것은 무엇인지, 무엇이 진실인지, 그리고 무엇이 진리인지.

노인이 언덕 끝으로 걸어갔다. 그리고 두 팔을 번쩍 들더니 외치기 시작했다.

"이 세상 모든 만물의 원자 하나하나에 담긴 진리를 알고 싶으냐? 사랑의 이유를 알고 싶으냐? 사고의 정의를 알고 싶으냐? 무엇을 위해 고뇌해야 하는지 알고 싶으냐? 무엇을 위해 먹고 마실지 알고 싶으냐?"

그때였다. 하늘 문이 열리고 있었다. 말할 수 없는 온화한 빛이 새어나오기 시작했다. 그 빛은 곧 천지를 뒤덮었고 이미 태양은 그 빛에 가려지고 없었다. 노인의 몸에서 또한 빛이 났다. 그러나 눈부시지 않았다. 그 빛은 지극히 나와 본질이 같았고 내 몸과 일치했다.

"이 세계 모든 영혼의 근원과 어두움을 몰아내는 빛과 같이 광명한 인간의 미래를 알고 싶으냐?"

어느새 내 눈엔 눈물이 차올라 뺨으로 흘러내렸다. 나는 나지막이 대답했다.

"네……!"

무엇인가 북받쳐 올랐다. 내 존재이유가 분명해지는 것이 내가 태어날 때와 같은 기쁨을 느끼게 해주는 것을 온몸으로 느꼈던 것이다.

노인이 빛을 차츰 거두어들였다. 하늘 문 또한 사라졌다. 나는 떨고 있었다. 그리고 흐르는 눈물을 멈출 수 없었다. 노인이 다가와 내 어깨를 살며시 감쌌다.

"진리는 살아 있단다."

나는 말없이 끄덕였다.

한동안 가만히 있었다. 노인의 미소가 느껴졌다. 그는 말없이 사라졌다. 보지 않았지만 느낄 수 있었다. 그리고 내가 눈을 감는 순간 나는 또 다른 깊은 잠에 빠져갔다.

세 번째 날

　창밖에 비가 내린다. 노인을 만나고 나서 처음으로 내리는 비다. 비는 생명의 근원이다. 비 덕분에 식물이 자라며 동물이 살 수 있기 때문에 그렇게 불리는 것이 마땅하다. 아마 이런 현상들을 보고 탈레스가 만물의 아르케는 물이라고 생각해냈을 것이다. 그것이 명확하고 진실된 이론이었다면, 만약 그렇다면 인간에게 더 유리했을 것이다. 인간이라는 종족의 정체성이 분명해지는 일이 일어났을 것이기 때문이다. 하지만 유감스럽게도 물은 자기 자신이 창조된 근원조차 알지 못한다. 어떻게 해서 물 분자를 이루는 요소들이 만들어졌는지 알지 못한다. 그러니 인간의 존재이유가 될 리 만무하다. 인간은 너무나 무지하고 작은 족속이다. 인간이 많이 안다는 그 과학도 자연이 봤을 때는 너무나도 작은 것에 불과하다.

　나는 비가 내리는 날을 좋아한다. 주변 사람들은 그것이 특이한 취향이라 한다. 아무것도 모른 채 그들은 비를 추적추적하고 어두운 것이라 단정지었다. 인간이 얼마나 작은 존재인지 잊어버린 채 말이다.

내가 이날 하루를 어떻게 보냈는지 말하지 않겠다. 내가 이제 겪을 일이 무엇보다 중요하기 때문이다. 어떻게 알 수 있는지도 말하지 않겠다. 단지 내 가슴이 떨고 있다는 것만 말하겠다.

꿈에서 깨어난 나는 이전에 볼 수 없던 엄청난 광경을 눈앞에 두고 있었다. 그곳은 어두웠고 빛이라곤 볼 수 없는 희미한 커튼 같은 것들만이 사물을 분간할 수 있도록 했다. 그것은 사방에 흩어져 있었고 천장이 보이지 않는 커다란 동굴 안을 나돌았다. 사실은 사방에서 끝이 보이지 않았다. 전체적으로 뭔가 신비로움으로 가득 차 있었고 생명이라곤 느껴지지 않았다. 뭔가 생명을 초월한 듯했다. 사실 동굴 안은 비어 있지 않았다. 오히려 금속 같은 것들로 가득 차 있었는데, 크고 작은 것들이 재빠르게 돌아가고 있었으며 그 또한 끝이 없었다. 갑자기 오로라 같은 것들이 밝아지기 시작했다. 그것은 더 강렬해지면서 어디선가 더욱 뿜어져 나왔다. 노인이 다가오고 있었다.

"잘 있었니? 사실 나도 널 만날 날을 기다리고 있었단다."

그는 다가오더니 내 앞에서 멈춰 서서는 동굴 안을 채운 것들을 바라보았다.

"할아버지께서 저를 이곳에 데려오신 거죠?"

이유가 뭐냐고 물어보려 했으나 너무 무례할 것 같았다.

"이것들이 다 무엇인지 자세히 봤니?"

그제야 나는 주위가 밝아진 것을 의식하고 그 기계 덩어리들을 바라보았다. 톱니바퀴였다. 그것도 끝없이 이어진, 작은 것들은 눈에 잘 띄지 않을 정도로 작았고 큰 것들은 코끼리 정도 되는 것도 있었다. 그렇게 한참을 보고 있자니 그것들이 어떤 규칙성을 가지고 있는 것을 알 수 있었다.

노인은 아무 말도 하지 않았다. 그는 내가 스스로 무엇인가 알아내기를 원하는 것 같았다. 그 톱니바퀴들은 어느 한 지점으로 점점 모이고 있었다. 나는 그 보이지 않는 선들을 따라 걸어갔다. 가까이에 그 중점이 보였다. 전체적으로 뭔가 규칙이 있으나 중점에서 멀어지면 멀어질수록 그것은 알아보기 어려워지는 식으로 구성되어 있었다. 중점에는 놀랍게도 오래되어 낡아 보이는 한 괘종시계가 있었고 이어져 오던 톱니와 연결되어 있었다. 초침이 가는 속도는 지금 내가 차고 있는 손목시계와 일치했다. 내가 시계를 차고 있는 것도 노인의 의도대로일 것이다

"잘 돌아가는군요."

"그렇고말고."

노인이 다가왔다. 그리곤 나에게 이것이 지구의 시간들이라고 알려 주었다. 다음으로 태양과 나머지 행성들, 다른 은하의 시간 등을 보여 주었다. 아직 진실이라 믿을 수가 없었다. 노인이 여태 보여 준 모든 시간들 중 중심이 되는 것은 지구였고 유일하게 시계가 놓여 있었다.

한참을 바라보며 생각하던 중에 노인이 말했다.

"인간은 만물의 영장이란다."

"그걸 어떻게 알 수 있나요?"

순간 이렇게 내뱉었지만 사실 노인이 한 말은 내가 여태까지 살아오면서 가장 듣고 싶었던 말들 중 하나였다. 단지 근거가 없어 입 밖에 내지 못했던 말이었다. 하지만 노인의 말투에서 확신을 느낄 수 있었다.

"이미 알고 있지 않니? 인간은 믿음의 존재라고. 여태 온 우주를 지배하듯 살아왔으면서 무얼 의심하니? 네가 사랑이 인간의 본질이라 느꼈던 것처럼 이것도 마찬가지란다."

그의 말이 맞았다. 여태 우리는 본능을 따라 살아왔으며 그것을 믿어야 함은 어찌 보면 당연한 것이었다.

"네 마음속 깊은 곳을 보렴. 인간은 이 세상에서 어떤 의미를 지니고 있니?"

"자연을 지배하며 자연에게 지배받는 존재랄까요?"

"그래. 그리고 인간이 믿음의 존재라는 것을 명심해라. 네가 아무것도 모르는 존재임에도 삶을 포기하지 않게 하는 것은 너의 믿음이 아니냐. 그것과 같은 것이란다. 네 자신의 본능이 외친다면 그런 거야."

사실 조금은 감격스러웠다. 어디까지나 지식으로 접근할 수 없는 인간의 본능을 가진 나 자신이 자랑스러웠다. 여태껏 살아오면서 맛보지 못했던 특별한 행복을 나는 맛보고 있었다. 나의 그 닳아빠진 낡은 일상과 구닥다리 같은 사상에서 벗어나는 이 느낌은 그 무엇과도 비교할 수 없었다.

사실 상식으로 접근하게 되면 노인의 말은 그저 한 이론에 불과했다. 하지만 노인은 나에게 믿음 그 자체였다. 그는 내가 무엇을 필요로 하고 무엇을 갈망하는지 모두 알고 있었다. 노인은 인간의 참된 가치를 추구하는 자였고 그것은 곧 진리이며 우리 모두의 삶의 목적이었다.

"할아버지는 사랑이 그 어떤 가치 중에 제일이라 생각하시죠?"

"네 가슴이 그렇게 말하더냐?"

노인은 살며시 웃었다.

"재미있는 예를 하나 들어 주마."

노인이 톱니들 속으로 들어가 하나를 골라 앉으며 나에게도 앉기를 권했다.

"혹시 할아버지는 신이 아니신가요?"

무척 긴장되는 순간이었다.

"나같이 무지하고 낮은 자가 신이 될 수 있다고 믿느냐? 그런 생각은 버리거라. 나도 너와 같이 과거를 겪었고 현재를 사는 한 노인일 뿐이란다."

뜸들이지 않는 자신감과 확신이 넘치는 그 대답에 조금 당황스러웠다. "그렇다"라고 하는 대답도 기대해 봤다. 사실이 어찌 되었건 실망할 것은 하나도 없었다. 그저 노인을 만난 것을 축복이라 생각했다.

"하던 얘기나 마저 하자꾸나. 모든 인간의 본성은 자신의 욕구를 절제시킬 줄 알고 설사 자기 것을 취하지 않더라도 남을 먼저 생각하는 것이란다. 사회에서 동물과 같이 행동하는 것은 그저 악으로만 여겨지지 않니? 60억 인구의 공존이유는 바로 '남'이라는 개념 때문이란다. 사랑이 내가 생각하는 제일의 가치냐고 물었지? 사랑, 행복, 소망, 믿음과 용기 이 모든 것들이 우리가 생각하는 중요한 가치란다. 그리고 이중에서 남을 위해서만 존재할 수밖에 없는 가치가 바로 사랑이란다. 나 하나만으로는 이룰 수 없는 가치이지. 물론 다른 가치들도 남을 위한 것이 되었을 때 더욱 아름다워지겠지만 그것들 모두가 사랑 안에서 이루어지는 것이란다."

'인간의 선한 감정은 사랑에서 비롯된 것이다? 어쩌면 사랑이 진리와 가장 연관된 가치일 수도 있다……'

무언가 분명해질 수 있을 것 같았다. 오늘이 내 생에서 가장 명쾌한 날이 되길 바랐다.

"인간은 심지어 자신의 적마저 사랑해야 한단다. 그 본능은 어느 종족에게서도 볼 수 없었던 가장 위대하고 아름다운 것이지."

노인이 잠시 말을 멈춘 틈을 타서 질문을 했다.

"하지만 그것도 결국 자신의 이익을 위해서가 아닐까요?"

"아마 그런 생각으로 살아가는 사람은 사회에서 동물처럼 살아가는 인간이겠지. 그 안엔 어떤 사랑도 있지 않다는 걸 너도 잘 알지 않니? 자신의 이익과 사랑은 공존할 수 없단다. 가장 분명한 예로 부모가 자식을 사랑하는 것이 있지."

"그건 그냥 종족을……"

그때 노인이 내 말을 끊었다.

"넌 아직 부모의 심정을 알지 못한단다."

"……."

잠시 후 침묵을 깨며 노인이 얘기했다.

"그렇다면 입양은 왜 하겠니? 단순히 종족 번식을 위해?"

나와 노인은 서로를 보며 웃었다.

"하지만 아직 제대로 실감할 수가 없어요. 사랑을 하게 되면 도대체 이 우주에서 무엇이 달라지는 거죠?"

노인이 웃으며 나에게 몸을 기울였다.

"그저 믿으면 된단다. 혹시 아니? 우주에 있지 않은 것이 바뀌게 될지."

노인은 다시 몸을 뒤로 기대며 내가 어떤 감정을 느끼길 기다렸다.

"자, 이제 다른 곳으로 갈 시간이다. 날 따라오렴."

노인은 벌떡 일어나 어디론가 향했다. 나는 말없이 그의 뒤를 따랐다.

'우주에 있지 않은 것?'

나는 가늠할 수 없는 그 광활한 개념을 되새기며 발걸음을 옮겼다.

역시 동굴 안이었다. 하지만 아까와는 전혀 다른 방이었다. 이전처럼 하늘에 수없이 많은 기계들이 떠돌진 않았으나 빛나는 그것들은 여전히 쉬지 않고 맴돌았다. 방은 꽤 컸지만 이전만큼은 아니었다. 그리고 무엇보다 눈에 띄는 것은 가운데 커다란 탁자에 놓여 있는 거대 태엽의 일부였다. 탁자는 네 개의 다리가 받치고 있었는데 우습게 생긴 노인이 새겨져 있었다. 그의 뒷머리는 벗겨져 있었으며 어린아이와 같이 달려가는 그 모습이 밉지는 않았기에 이 탁자와 위에 놓인 물건에 대해서 썩 반감이 가지 않았다. 그리고 탁자 위에 꽤 커다랗게 조립된 톱니바퀴가 있었다. 구조가 복잡하기는 여전했다. 하지만 나를 놀라게 한 것은 어느 한 톱니바퀴에 자그마하게 새겨져 있는 내 이름이었다. 알파벳으로 'Ji-woo Park'이라 새겨져 있었다. 나에겐 그저 신기할 따름이었고 노인은 그런 나의 모습이 재미있는지 연신 미소를 띠우고 있었다.

"너의 것을 만물의 시간 속에 넣고 싶었다. 하지만 그러기엔 너의 시간이 덜 완성되었단다. 그리고 그런 너의 시간을 완벽하게 만들기 위해 너를 부른 것이다."

"하지만 왜 저인가요?"

노인이 탁자 위에 올려져 있는 작은 부품 하나를 움켜쥐더니 말했다.

"비록 선택은 내가 하지 않지만 너의 모든 면을 봤을 때 적합했다. 특히 진리를 갈망하는 마음이 누구보다 강하더구나. 더구나 진리가 너를 택한 것은 이미 이 세상이 만들어지기 전이란다. 세상에는 우연은 없고 오직 필연만 있으며, 너의 믿음과 태초부터 너와 함께한 진리와의 상호작용밖에 없단다. 진리는 사랑이고 너의 자아는 믿음이다. 너의 믿음이 진리를 향하는 정도에 따른 결과물이 곧 필연이요 태초에 계획된 것이다. 진리를 벗어난 너의 자아는 진리에서 벗어난 필연을 가져오고, 진리를 향한 너의 믿음은 결국 너를 진리로 이끌어 주는 것이란다. 어떤 방식으로 진리가 너에게 접근할지는 진리의 뜻대로이며, 그것을 판단하며 믿는 것은 오로지 너의 자아다. 지금 너는 필연을 만드는 선택의 자리에 있다. 지금 네가 선택된 것은 진리가 너에게 접근하는 하나의 방식이란다. 너의 자아가 외치는 대로 솔직하게 따르거라."

노인이 팔을 들더니 손에 쥐었던 부품으로 나를 가리켰다.

"진리로 움직이는 이 거대한 만물의 시간에 너의 시간을 완성시킬 준비가 되었느냐?"

"네."

노인이 다시 한 번 웃어 보이며 말했다.

"이게 바로 내가 보아온 너의 모습이며 네 아버지의 모습이다."

무슨 말인지 알아듣지 못했다. 하지만 지금은 노인의 행동을 따라야 할 때였다. 노인은 그 자그마한 톱니바퀴를 나에게 건네주었다. 완성된 것들과는 달리 그것은 녹이 슬고 굉장히 무뎌져 있었다. 그리고 그 머리만한 쇳덩어리를 만지는 순간 나는 어디론가 빨려들어 갔다.

매서운 모래바람을 이기고 눈을 떴을 때 나는 내가 사막 한가운데에 있는 것을 알아차렸다. 사우나에 있는 것처럼 정말 찌는 듯한 무더위였다. 갑자기 더운 여름날 신경질적으로 내가 왜 사는지에 대한 질문에 반감을 가졌던 때가 생각났다. 하지만 지금은 그때와 달랐다. 그때의 그 답답한 가슴은 온데간데없고 심지어 나를 삼키려는 듯한 이 환경마저 흥미롭게 느껴졌다.

발이 닿는 대로 걸어가자 노인이 저만치에서 보이기 시작했다. 있는 힘껏 내달렸다. 드디어 노인이 있는 곳에 도착했지만 노인의 초점은 다른 곳을 향하고 있었다. 그가 바라보는 곳을 보니 끝없이 길게 이어진 행렬이 보였다.

"이건 무슨 행렬이죠?"

노인이 계속 그 무리를 주시하며 말했다. 노인의 표정은 매우 진지했다.

"자신들이 원하는 땅을 찾아 광야를 방황하는 한 부족이란다."

한동안 나도 그 무리를 봤지만 정말 끝이 보이질 않았다. 나와 노인은 무리를 향해 걸어갔다. 낙타의 등에 커다란 짐을 실은 사람도 있었고 양과 염소 떼를 이끌고 가는 사람도 보였다. 그때 어떤 두 사람이 다툼을 하기 시작했다. 사람들은 그들을 그저 안쓰러운 눈빛으로 바라보기만 했다. 참다못한 어떤 중년의 한 남성이 이들을 말리기 시작했고 마침내 그 둘 사이에 큰 싸움이 일어났다. 그리고 이내 사람들은 그 두 사람을 중심으로 둘로 나누어졌다.

"그런 기적들을 보고도 불평이 나오는가? 우리가 그 지독한 이집트에서 벗어나 자유를 찾은 것만으로도 감사해야 하거늘!"

"자유? 웃기지 마! 그런 큰 기적을 일으킬 수 있는 신이 있다면 어째서 먹을 것과 마실 것이 없어서 우리가 죽어가야 하는 거지? 대답해!"

"신에 대한 모욕! 지울 수 없다는 걸 명심해라!"

한 사내가 달려들기 시작했다.

"감사가 없으니 사랑도 메마르는 것을……."

노인이 무어라 혼잣말을 했다. 난 그것을 듣지 못했다. 하지만 그 모습을 누구보다 안타까워하고 있다는 것을 알 수 있었다.

"할아버지께서 하실 수 있는 일은 없나요?"

노인은 아무 말도 하지 않았다. 그때 어떤 사람이 달려왔다.

"물이다!"

사람들이 일제히 달려갔다. 살고자 하는 욕망은 누구나 다 같은가 보다. 노인과 나도 그곳을 향해 달려갔다. 물을 발견했음에도 사람들의 표정은 밝지 않았다. 썩은 물이었다.

"신은 우리를 버렸는가!"

사람들의 절규가 여기저기서 들려왔다. 아낙네들은 우는 아이를 달래었고 남자들은 분쟁하기 시작했다. 그때 노인이 나를 향해 말했다.

"지금 저들은 진리와 불평 사이에서 엄청난 갈등을 겪고 있단다. 여기서 이들에게 나타난 사랑의 모습은 '감사'란다. 하지만 저들은 육신의 고통을 이기지 못해 그 숭고한 진리의 뜻을 거부하고 있구나. 자, 저들에게 다가온 진리는 저들의 일이고 지금은 너에게 다가온 진리를 위해 나아갈 때가 되었구나. 너에게 할 일을 주겠다."

노인이 나에게 바짝 다가오더니 손가락으로 태양이 뜨는 쪽을 가리켰다.

"태양이 떠오르는 동쪽을 향해 가거라. 유감스럽게도 너에게 주어진 시간은 하루밖에 없단다. 네가 그때까지 돌아오지 않으면 저들은 분쟁으로 인해 저들의 목표를 달성하지 못할 것이다. 여자와 아이는 죄 없이 죽어가고 자신들이 그토록 찾던 땅을 버리게 될 것이다. 네가 얼마나 중요한 임무를 맡았는지 알겠느냐?"

나는 고개를 끄덕여 보였다.

"네가 쉬지 않고 동쪽을 향했을 때 바위 위에 자라는 울창한 나무 한 그루를 만날 것이다. 그 나무의 가지를 구해오면 된다. 이 일로 인해 네가 한층 더 성숙해지길 바랄 뿐이다. 어서 가거라."

나는 노인을 한번 돌아보고는 해가 떠오르는 쪽을 향해 달렸다.

사나운 모래바람을 맞으면서 걸었다. 얼마나 걸었는지는 측량할 수 없었고 현재의 위치 또한 파악이 되지 않았다. 머릿속은 이런저런 생각들로 가득 찼고 걷고 있다는 사실조차 잊을 때도 많았다. 그때 아주 멀리서 커다란 그림자가 보이기 시작했다. 그리로 향해 달려갈 때 갑자기 모래바람이 멎었다. 주위는 다시 고요하고 맑아졌으며 나는 또 한 번 놀라게 되었다. 커다란 산이 내 앞에 우뚝 솟아 있는 것이었다. 그리고 그것에 가까이 갈수록 그 규모가 얼마나 대단한지 깨달을 수 있었다. 좌우로 돌아서 지나가는 것은 불가능했다. 어찌할 방법이 없었다. 나에겐 시간이 없었고 빨리 이 돌산을 넘어야 했다. 할 수 없이 그 높은 산에 처음으로 손을 대었다.

겨우겨우 한 발짝씩 내딛었다. 가끔 돌이 구르는 바람에 정말 위험한 적도 많았다. 사나운 모래바람이 얼굴을 때렸고 그럴 때마다 나는 멈춰 서서 시야가 트이길 기다려야 했다. 그래도 오르고 또 올랐다. 발톱이 빠질 듯이 아파오기 시작했을 때 마침 경사가 좀 완만한 곳에 올라왔다. 무릎을 짚고 쉬고 있는데 갑자기 어떤 검은 물체가 휙 하고 나타났다. 굉장히 기분 나쁘게 생긴 그 녀석은 한쪽 다리에는 말발굽이 있었고 등에는 쌍으로 돋아난 검은 날개가 있었다. 한눈에 악마임을 알아볼 수 있었다.

"내가 널 꼭대기까지 올려다 줄까?"

그 녀석이 나를 유혹하기 시작했다. 사실 그렇게 되면 좋으나 상식적으로 녀석의 말을 듣는다는 것 자체가 불가능했다. 너무 수상했기 때문이다.

"내가 살아온 경험상 너 같은 놈이랑 같이 있는 건 별로 좋지 않은 것 같다."

"큭큭, 차가운 녀석."

악마는 하늘을 빙 돌더니 다시 나에게 다가왔다.

"너의 그 나약한 신체로 이런 산을 오르는 게 가능할 것 같니? 원한다면 물 한 모금 정도는 줄 수 있는데……."

실제로 내 목은 쩍쩍 달라붙었고 몸은 너무 더워서 땀으로 목욕을 한 상태였다. 녀석이 물이 출렁이는 가죽부대를 꺼내들었다.

"뭘 하면 되는데?"

"큭큭큭, 나에게 한 번만 절하면 돼."

나는 곰곰이 생각했다.

'아무리 봐도 다른 속셈이 있는 것 같군……'

나는 말없이 걸어갔다.

"야, 그러지 마. 그냥 딱 한 번만 허리를 굽히면 된다니까."

"너한테 허리 굽히느라 내 혈당을 쓰고 싶진 않아."

"너 나랑 타협하며 살지 않는 삶이 얼마나 비참한지 아니?"

그리고 한 10분간 자기 혼자서 자기 없이 진리를 쫓다가 피폐해진 삶들에 대해 떠들어댔다. 나는 도저히 참을 수 없었다.

"아무리 생각해도 네가 옳은 것 같지 않아."

"무슨 근거로?"

"그냥 느낌이 그래……."

녀석이 사납게 웃어 젖혔다.

"느낌이라고? 자기가 인간이 얼마나 나약한 존재인지 떠들어 놓고선 네 느낌에 의존한다고? 얼버무리지 말고 생각을 해, 생각을!"

한동안 곰곰이 이 말에 대해 생각해 보았다. 그러고 나서 웃으며 말했다.

"내가 봤을 땐 네가 그런 모습으로 나에게 온 것 자체가 모순인 것 같다. 넌 정말 교활하고 나쁜 놈이구나."

그러자 악마는 자기 모습을 바꿔가며 말했다.

"이봐, 생긴 것은 인생에서 중요한 게 아냐! 어딜 봐서 내가 나빠 보이니?"

한동안 말없이 그 녀석을 쳐다봤다.

"글쎄……그냥 느낌이 그래."

나는 웃으며 넋이 나간 그 녀석을 지나쳤다.

'알겠냐? 이 악마야. 이게 진리를 향한 내 믿음이요 내 자아다!'
녀석이 미친 듯이 날뛰며 온갖 욕을 퍼부었다.
'저 녀석은 꽤 초짜군.'
나는 말없이 또다시 험한 산을 올랐다.

해가 거의 저물어 갈 때 비로소 정상에 도착했다.
'하, 미치겠네.'
온몸이 성한 데가 없었고 마음도 정신도 모두 고단했다. 고통. 더 나은 행복을 위한 과정. 옛날에 아빠와 함께 마라톤을 한 적이 있었는데, 그때 나는 인내의 고통이 무엇인지 경험했다. 한 발 앞으로 내딛는 그 같은 동작을 허벅지가 터지도록 반복해야 했다. 사실 지금도 그때와 별반 다르지 않았다. 매순간 위를 올려다볼 때마다 고통스러웠다. 하지만 이제 그것도 끝이었다. 바위 위에 내 다리만 한 뿌리를 내린, 가지와 잎이 울창한 나무가 서 있었다. 있는 힘을 다해 그곳으로 달렸다. 생명체 하나 보이지 않는 이곳과 너무나 대조되는 모습이었다. 그제야 나는 나무의 가지가 필요하다는 것을 알고 나무에 손을 대었다. 그런데 나무에서 심장의 고동이 느껴지는 것이 아닌가!
"다시는 보고 싶지 않았는데."
나무가 말을 했다. 하지만 이 나무를 발견하기 전에 겪은 다른 기이한 일들이 있어 그리 놀랍지 않았다.
"내가 누군지 아니?"
"그걸 내가 어떻게 아니? 난 인간을 만나고 싶지 않단 말이야."
매우 신경질적인 말투였다. 순간 이 나무의 사연을 듣고 싶었다.

그리고 그것이 가지를 얻는 가장 빠른 방법이라 판단했다.

"네가 누구인지 물어봐도 되니?"

"……."

그녀가 잠시 말을 않더니 입을 열었다.

"어서 가. 너랑 같이 있고 싶지 않아."

"나는 지우라고 해."

"……난 다프네야."

그것이 그녀의 이름이었다.

"이 나무가 너인 거니?"

한동안 말이 없었다.

"난 사랑을 피해 이렇게 되었어."

"왜 그랬는지 좀 말해 주겠니?"

노려보는 눈초리가 느껴졌다. 내가 처음 이 나무를 봤을 때보다 나뭇잎이 더욱 경직되어 있었다.

"혹시 도움이 될까 해서 그래."

나는 긴장했고 그녀의 대답을 조용히 기다렸다. 다프네가 말하기 시작했다.

"내가 이렇게 되기 전 난 아주 평화로운 마을에서 촌장의 딸로서 행복하게 살고 있었어. 그리고 한 남자가 살고 있었지. 우리 둘은 서로 친했고 관계가 그렇게 나쁘지도 않았어. 서로 일을 할 때면 도와주고 또 축제 때면 서로를 축하하고 그렇게 우리는 서로의 관계를 유지하며 서로를 존중했단다. 나는 아직도 그 남자가 나에게 그렇게 행동한 걸 믿을 수가 없어……."

나뭇잎이 부르르 떨리기 시작했고 분노에 가득 찬 나뭇가지들은 나를 거의 찌를 기세로 흔들리기 시작했다.

"그렇게 하루하루를 보내고 있던 어느 날, 그이의 눈이 정욕으로 이글거렸어. 마치 미친 동물같이. 처음엔 순수한 모습으로 나에게 사랑을 고백했었어. 나는 나이 차이가 많이 난다는 것과 내가 사랑을 하기엔 너무 어리다는 것을 잘 알았지. 그래서 그 사람의 고백을 거절했어. 그는 포기하지 않고 나에게 고백하더니 결국은 나를 천막에 끌고 가서는……도저히 말할 수 없는 짓들을 하고 말았지. 더러운 말로 나를 괴롭혔고 싫다는 내 몸부림을 힘으로 저지했지. 그리고 며칠이 지나서 이 일은 발각되었고 나는 마을에서 추방당했어. 물론 그 남자도. 그런 형벌을 받았음에도 그 사람은 나를 다시 쫓기 시작했어. 결국 도망치던 나는 진짜 사랑을 만나기 전까지 나무가 되게 해달라고 신께 기도했고 그 이후 지금까지 이렇게 긴 세월을 살아온 거야……."

그 일이 그녀에게 큰 상처가 된 것은 너무나 당연했다. 뭐라 할 말이 없었다.

"사랑을 해서 행복한 사람도 있어. 정말 보기만 해도 웃음이 나오는 그런 즐거운 사랑이 있잖아. 하지만 그렇지 않은 사람도 있어. 사랑으로 아파하고 사랑으로 고통스러워하고 사랑으로 죽음을 택하는 일이 비일비재하게 일어나고 있어! 난 그런 사랑을 피했어. 네가 보기엔 내가 잘못된 선택을 한 것 같니? 그 더러운 인간과 잠자리를 함께하라고?"

'나같이 어린 학생한테 이런 문제를 맡겨도 되는 거야?'

나는 이내 가지가 필요하다는 것을 다시 상기했다.

"요즘엔 내가 진정으로 사랑하는 사람을 만났을 때 인간이 되게 해달라고 기도했던 것이 후회돼."

말을 마치고 혼자 생각에 잠겨 있는 소녀의 모습이 보였다. 도대체 무슨 말을 해줘야 하는가? 아직 나도 사랑에 대해 아무것도 모르는데 어떻게 이 상처받은 가슴을 치료해 줄 수 있단 말인가? 아니, 사실 나는 어떤 말을 해줘야 하는지 정말 잘 알고 있었다. 하지만 나는 여태 원인, 이유를 모르면 모두 거짓이라는 태도를 가져왔기 때문에 마치 내가 거짓을 말하게 되는 것 같은 기분이었다. 그러나 나에겐 시간이 없었고 나는 본능적으로 알고 있는 것을 이야기했다. 나는 지금이 기회라고 여겼고 그녀에게 말을 걸었다.

"가치에 대해서 아니?"

"뭐라고?"

"우리가 추구하는 가치들 말이야. 그중에서 사랑 말이야. 넌 그것에 대해 어떻게 생각하니?"

"지금 무슨 말을 하는 거야? 넌 내가 여태까지 하는 말을 못 들었니?"

"그 말을 하려는 게 아냐. 너희 부모님이나 다른 마을 사람들이 너를 사랑할 때 모두가 그 남자처럼 너를 사랑했던 건 아니잖아?"

"단지 조금 다를 뿐이야. 내가 행복한 사랑을 가졌다고 해서 다른 사랑으로 고통받는 이들이 어떻게 사는지 생각해 보지 않을 수가 있겠어? 애초에 인간은 깨끗한 존재가 아니었어."

"그렇지 않아. 내가 봤을 때 그 남자가 너를 사랑한 것은 동물적인 사랑이었어. 옛날에 어떤 거미에 관한 이야기를 들은 적이 있어. 그 거미는 수컷이 발정기가 되면 한 암컷을 고른대. 그리고 그 암컷과 싸움을 하게 되는데 암컷이 이겼을 경우 암컷이 수컷을 잡아먹고 수컷이 이겼을 경우 암컷에게 사정하고는 떠나버린대. 정말 구역질나는 이야기지."

"……."

다프네는 아무 말이 없었다.

"그 남자가 네게 가졌던 태도는 이런 동물적이고 육체적인 정욕이었다고 봐. 하지만 세상에서 행복하게 서로를 사랑하는 사람들을 생각해 보면 그들의 태도는 그렇지 않았어. 서로를 아끼고 서로를 위하며 서로에게 해줄 수 있는 최선을 다하잖아. 이 사랑이 우리의 가치가 되는 사랑이라고 생각해. 설사 육체의 정욕이 일체 있지 않고 또 자신에게 가까운 사람이 아니더라도 인간은 서로를 사랑하지. 온 인류를 대상으로 말이야. 다프네, 내가 남자로서 그 사람을 대신해 너에게 사과할게. 그는 그저 육체의 정욕을 이기지 못한 나쁜 사람이었을 뿐이야. 그가 너를 대하는 태도에서 너를 위하는 행동은 하나도 없었잖아? 그는 다른 사람들보다 더 동물에 가까웠을 뿐이야. 그리고 나는 개인적으로 남자들이 여자를 보는 시각을 좀 달리해 주었으면 하는 바람을 가지고 있어."

"……."

"정말 사랑이 고통밖에 주지 않니? 사랑을 피해 이곳에 온 뒤로 행복한 적은 없었어?"

여전히 말이 없었다. 하지만 느낄 수 있었다. 오랜 시간 동안 그녀에게 있을 커다란 슬픔들이 쏟아져 나오고 있다는 것을 말이다. 그녀는 울고 있었다. 나뭇잎이 이슬에 흠뻑 젖었다.

이미 해가 다 저물었기에 노을과 다프네를 감싼 빛만이 주위를 밝게 했다.

"저, 여기서 자고 가도 되니? 산을 내려가려면 날이 밝아야 하거든…….."

내가 무슨 말을 했는지 다시 생각해 보고 있을 때 그녀가 말없이 가지를 위아래로 움직였다. 나는 그것을 보고 나무뿌리에 머리를 대고 누웠다. 혹시 불편해하지는 않을까 조심스럽게 움직였다.

사실 나에겐 가지를 구해야 하는 커다란 임무가 있었지만 지금은 그것에 대해 언급하고 싶지 않았다.

그렇게 나는 꿈속에서 잠을 잤고 나무는 그런 소년의 모습을 남몰래 지켜보았다.

"일어나, 소년!"

누군가 나지막이 외쳤다. 다프네였다. 하지만 더 이상 나무가 아닌 소녀의 모습이었다. 나는 그녀의 무릎 위에 누워 있었고 그런 나를 그녀가 내려다보고 있었다. 그리고 웃고 있었다. 전날 내가 생각했던 그런 신경질적인 다프네의 모습이 아니었다. 그녀는 빛나고 있었고 마치 천사 같았다. 매우 상냥했고 무엇보다 예뻤다. 일이 잘 된 것 같아서 일단 안도감이 들었다.

"어젯밤에 신을 만났어. 네가 왜 이곳으로 나를 찾아왔는지 다 들었어."

그녀가 비몽사몽간에 누워있는 나에게 가지를 건네주었다. 가지 또한 빛나고 있었으며 그녀의 일부임이 틀림없었다. 그것이 무엇을 의미하는지는 알 수 없었다. 하지만 아름답고 숭고한 것이었기에 나는 그것을 놓치지 않게 꼭 쥐었다.

"원하는 게 있으면 일찍 말하지 그랬어."

"글쎄……."

다시 어제의 나의 바보 같은 모습이 떠올랐다. 부끄러웠지만 이내 당당하게 말할 수 있었다.

"다프네, 사랑은 아름다운 거지?"

잠시 뜸을 들이더니 그녀가 대답했다.

"그래……."

그리고는 내 귀에 얼굴을 가까이 내밀더니 나지막이 속삭였다.

"난 이제 사랑을 찾을 거야."

그녀는 흩날리는 꽃잎이 되어 사라져 갔고 나도 일어섰다. 동쪽에서 찬란한 태양이 떠오르고 있었다.

'시간이 없다!'

"헉, 헉."

있는 힘을 다해 뛰었다. 얼마나 굴렀는지 온몸이 멍투성이가 되었다. 해는 떠오르고 있었고 어제의 그 위치에 점점 가까워졌다. 그때 어제 그 녀석이 다시 나타났다.

"하하, 멍청한 녀석. 사랑놀음을 한다고 시간을 다 써버렸구나. 어쩜, 가엾어라."

'이 자식을!'

하지만 참았다. 내가 여기서 포기하지 않을 것이라는 걸 스스로가 너무 잘 알고 있었기 때문이다. 나는 대답 대신에 가운데 손가락을 높이 치켜들어 보이고는 갈 길을 재촉했다. 모욕당한 녀석은 또 욕을 퍼붓기 시작했다.

'젠장, 낮에 웬 귀신이야?'

나는 시끄러운 그 녀석을 무시하고 달렸다. 시간이 얼마 없었다. 그때 갑자기 이 악마가 멈춰 섰다. 아무리 가려고 애를 써도 갈 수가 없는 모양이었다. 나는 너무 힘들어서 녀석을 조롱하지 않고 다시 달려갔다. 잠시 후 다시 뒤돌아 봤을 때 녀석은 아예 사라지고 없었다.

'저기다!'

드디어 긴 무리가 보이기 시작했다. 나름 기뻤지만 상황이 좋지 않은 듯했다. 이미 분쟁은 시작되었고 어제와 같은 싸움이 일어나고 있었다. 어떤 아낙네들은 썩은 물이라도 물동이에 담아 이고 있었다. 위치가 변하지 않은 걸 보니 하룻밤 동안 이동하지 않은 것 같았다. 막상 무리에 도착했지만 무얼 어떻게 해야 할지 몰라 발만 동동 구르고 있었다. 그때 멀리 언덕에 어떤 사내가 엎드려 있는 것이 보였다. 나는 노인인가 싶어 그곳으로 달려갔다. 그러나 그는 노인이 아니었다. 그러나 그 또한 나이가 많아 보였다. 그는 지팡이를 옆에 놓아두고 무릎을 꿇고 고개를 숙인 채 무어라 중얼거리고 있었다. 기도를 하는 듯했다. 나는 그 사람이 이 무리의 우두머리라 여겼기에 그에게 다가갔다. 그는 날 올려다보았고 나는 말없이 나뭇가지를 그에게 내밀었다. 그는 너무나도 선한 인상이었다. 그리고 그런 그의 눈에 눈물이 고여 있었다.

가지를 받은 그 사람은 몹시 놀라워했다. 그리고 잠시 동안 기쁜 기색을 보인 그는 이내 얼굴색을 바꾸고 무리에게로 향했다. 그러자 무리가 갈라지며 길을 열었고 모두가 그를 주목했다. 그는 계속해서 연못을 향해 걸어갔으며 멈춰 섰다. 그리곤 연못에 가지를 띄웠다. 잠시 후 놀라운 광경을 보게 되었다! 썩은 물이 정화되는 것이었다. 맑은 물이 샘솟았고 물을 마시는 자마다 입에서 축복과 감사가 끊이지 않았다. 지도자의 눈에서 또 한 번 눈물이 흘러내렸다. 그리고 자신들의 신께 감사했다. 나는 생각했다.

'아……인간에게 있어서 사랑은 썩은 물을 정화시키는 생명과 같구나.'

그렇다. 샘물은 축복이고 감사이며 가지는 사랑 그 자체이다. 그들에게 사랑이라는 본질이 사라져서 감사가 없어진 것이 아니다. 너무나 풍족한 삶이나 혹은 너무나 혹독한 삶으로 인해 사랑의 의미가 약해진 것이다. 사랑이라는 진리의 의미를 다시 찾고 싶다면 샘물을 마셔야 한다. 그 물을 마실 때 샘물이 되기 전 썩은 물에 가지가 띄워졌음을 기억하게 될 것이다.

그리고 나는 지그시 눈을 감았다. 눈을 떴을 때 침대 위로 와 있을거란 걸 아는 듯이.

의식이 사라지고 있을 때 막 중요한 생각이 났다.

'진짜 사랑을 만나기 전까지 나무가 된다고 하지 않았던가?'

네 번째 날

오늘도 비가 내린다. 비 오는 날이면 왠지 마음속에서 이상한 감정이 솟아오른다. 뭔가 비 온 뒤에 산책을 할 때 나는 맑은 풀냄새처럼 공허하면서 차분하고 시원하지만 따뜻한 그런 느낌 말이다.

사실 비가 올 때 겪어야 하는 여러 가지 지긋지긋한 일들이 전혀 없는건 아니다. 예를 들어 버스 정류장에서 한참 비를 보며 마음을 가라앉히고 있을 때 우산을 접어 사람들 사이로 미적거리면서 버스를 타야 하는 일이나 신발에 물이 들어가 질척대는 경우 등이 그렇다.

아, 그리고 더욱 참기 힘든 것은 그런 축축한 옷깃 같은 것들이 아니라 그런 날일수록 더욱 두껍고 단단해지는 서로간의 벽이다. 비 오는 날 버스 안을 둘러보면 느낄 수 있는 그 무거움은 정말 나를 역겹게 만들곤 한다.

하지만 아무리 미적거리는 하루라도 아주 사소하고 작은 일로 생기는 인사나 '죄송합니다' 와 '고맙습니다' 와 같은 짧은 대화를 나누었을 때 그로 인한 위로로 하루가 바뀔 수 있다. 물론 소극적인 나의 성격 탓에 그런 현상이 일어나는지도 모르지만 대체로 그럴 것이다.

그 힘은 말할 수 없을 만큼 강하다. 가끔씩 길에서 돈을 줍는 것이 더 기분 좋게 생각될 수 있지만 실제로는 그렇지 않다. 처음에는 그 어느 때보다 기쁠지 몰라도 그런 기쁨은 그리 오래가지 않는다.

인간은 영적인 동물이다. 물리적인 인식과 정신적인 교감은 이루 말할 수 없는 차이를 가진다. 영적인 것은 섬세하고 작으나 그 울림은 생명을 깨우고 남이 살아 있다는 것을 느끼게 해주며 그로 인해 남을 존중하게 만든다. 적어도 인간은 원자와 분자로 이루어진 돌덩어리는 아닌 것이다. 하지만 인간이 육체를 가진 이상 환경은 우리에게 매우 중요한 요소이다. 그것을 이겨내려 하기보다는 차라리 그것을 좋은 환경으로 만드는 것도 인간다운 방법인 것이다.

도대체 무슨 상상을 하다가 이런 생각이 떠오른 건지 모르겠다. 어쨌든 지금 이 축축한 버스 안에서 1학기 기말고사시험을 치기 위해 학교로 가고 있다는 것은 확실했다. 팽팽한 긴장감 속에서 땀이 식어 차가워진 손으로 컴퓨터 사인펜을 쥐고 OMR카드에 마킹하고 있을 나의 모습을 상상해 보았다. 끔찍하게 긴장되었지만 그것이 나의 운명이고 그 고난을 겪고 나서 엄청난 보상이 나를 기다리고 있다는 것은 분명했다. 그리고 여름방학이 되면 더 편한 마음으로 잠자리에 들 수 있다. 노인은 날 찾아올 것이고 나는 한 걸음 한 걸음 더욱 진리에 가까워질 것이다. 그렇게 생각하니 긴장이 풀리며 아까보다는 한층 기분이 나아졌다.

그때 누군가가 앉아서 책을 펼치고 있는 내 몸을 덮쳤다. 순간 놀랐지만 버스가 급정거했기 때문이라는 것을 알았고 그 사람이 누구인지 확인했다. 진하고 짧은 검은 머리의 그 여학생은 나와 같은 학교 교복을 입고 있었고 이름표도 나와 같은 색이었다. 그리고 얼굴을 봤을 때 나는 이미 넋을 잃었다.

"죄송합니다."

얼굴을 붉히고 고개를 숙여가며 인사하는 그 모습은 예쁘다 못해 사랑스러웠다. 하지만 방송을 통해 예쁘게 생긴 연예인을 보는 것과는 다른 감정이 생겼다. 나는 있었던 일들을 차근차근 되짚어 보며 생각했다. 혹시 내가 그 애에게서 사랑을 느낀 것이 아닌지 하고 말이다.

'어린애가 무슨……'

아니라고 판단했다. 하지만 그렇게 단정지으려 하자 다시 가슴 깊은 곳에서 그애의 얼굴이 영상으로 나타났다. 굉장히 낯이 익은 그녀의 모습이 내 가슴을 두근거리게 했다.

'사랑인가? 그렇다고 나쁠 건 없지 않은가? 누구에게나 첫사랑은 다가오는 것이고 이건 육체적인 정욕은 더더욱 아니잖아.'

그렇다. 나는 그녀를 사랑했다. 그것은 나에게 꽤 충격적인 현실이었다. 나는 이성 간에 이런 사랑을 느껴 본 적이 없었다. 이것은 불꽃과 같았고 따뜻함이 가슴으로 전해졌다. 그리고 그 따뜻함이 머리로 전해지자 나의 모든 생각들을 방해했고 이성이 들어 있을 공간에 감정을 집어넣기 시작했다. 나는 내심 당황스러웠다. 그에 비해 주위는 평상시와 똑같았고 그녀 또한 아무 일 없었다는 듯이 내 앞에 서 있었다.

무슨 일인지 그애가 한 정거장 먼저 내리는 것을 보았다. 아쉬운 마음이 들었다. 그 얼굴을 더 오랫동안 보고 싶었는데……. 어디서 본 듯했지만 빨리 생각나지 않았다. 여동생과 비교해 봤으나 차이가 너무 컸다. 그녀의 그 수줍은 모습은 너무나 진하고 깊은 영상이었다. 얼마나 깊이 내 가슴에 박혔는지 시험을 치르기 한 시간 전에 시험을 친다는 사실조차 잊어버렸다.

"죄송합니다"라는 그녀의 말이 귓가에 맴돌았다. 우산에 비벼져 축축해진 바지는 이제 내 관심사가 아니었다. 더 이상 내 마음속에 습기는 없었으며 진리와 그 아이의 연관성을 찾고 있는 내 머릿속 엔 이미 시험 따윈 존재하지 않았다. 그렇게 나는 기분 좋게 학교로 향했다.

5교시를 마치는 종이 울렸다. 감독관 선생님이 지시를 내리시자 하루 일과를 마친 아이들이 미친 듯이 식당을 향해 달려갔다. 나는 모두가 그렇게 달려갈 때 교실에 남아 있기를 좋아한다. 그리고 창 밖으로 식당에서 줄을 서고 있는 아이들을 보는 것 또한 나를 기분 좋게 만든다.

시험을 치르는 내내 오늘 아침에 만났던 여자아이 생각뿐이었다. 그리고 뒤늦게 그애가 다프네를 닮았다는 것을 알아차렸다. 다프네 와의 일이 일어난 지 일주일이 지났다. 그때의 생각을 할 때마다 내 가 행복한 사람으로 느껴졌다. 그녀가 사랑을 찾아 떠난다는 그 한 마디가 지금 이루어지고 있다는 생각이 들었다.

그리고 그때 내가 그녀에게 했던 말들을 생각해 보았다. 솔직히 내 자신이 자랑스러웠다. 덕분에 그녀는 사랑에 대해 다시 생각해 볼 수 있었다. 그리고 나 또한 깨달은 것이 있다. 사람의 모든 감정 은 사랑에서 비롯된 것이라고. 그것은 너무나도 아름다운 것이라고 말이다. 나는 사람들이 그 사실을 일찍 알아줬으면 했다. 세상의 모 든 성인들이 말하고자 하는 것은 사랑이었다. 성인의 말을 알아듣지 못해도 좋다. 그것보다 그들이 주장했던 그 사랑을 얼마나 그리고 어떻게 실천하는지가 더욱 중요한 것이다. 아프리카 오지에서 봉사하는 사람들을 생각해 본다. 또 낡은 시골 교회에서 한 늙은 할머니가 나라의 화평을 위해 기도하는 모습을 떠올려 본다. 이 모든 사람들이 어쩌면 우리가 성인이라 받아들이는 사람들보다 더 뛰어날지도 모른다. 그들의 그 숭고하고 맑은 기도들이 세상에 사랑을 싹트게 하는 것이다.

그런데 이런 생각을 하고 있자니 그렇다면 우리에게 악한 감정은 왜 생기는지 의문이 들었다.

'세상에 이렇게 아름다운 가치들이 존재한다면 좋은 가치들만 존재하면 되는 것이 아닌가? 어째서 악한 것들이 존재할까? 왜 사람들이 이렇게 아름다워야 할 세상에서 악을 저지르는 것일까? 왜 천국만 생각해도 되는데 굳이 지옥을 생각할까? 그것도 알 수 없는 인간의 본성인가? 내가 그것을 믿어야 하는가?'

여러 가지 생각들이 교차했다. 일주일 전 가지를 찾아가는 동안에 만났던 악마에 대해 생각해 본다. 왜 하필 그런 놈들이 존재하는 것인가? 어쩌면 그런 것들도 진리의 뜻대로 이 세상에 존재하는 게 아닌가 싶다. 어쩌면, 정말 어쩌면 우리 인간들을 시험해 보기 위해 악이 존재하는 것이 아닐까.

나는 얼마 전에 선과 악이 인간에게 막연하게 존재하는 것에 대해 생각해 봤었다. 나는 그때 매미에 대해 생각했었고, 근원을 알 수 없는 인간의 본성에 대해 의문을 가졌었다. 이제 생각해 보니 더욱 신기한 일이었다. 인간들이 선을 위해 악을 저지르려 하고 그럼에도 악은 끊이지 않고 인간의 마음에서 발생한다. 이런 모습이 당연하게 이루어지고 있는 것은 사실 너무나도 신기한 일이었다.

도대체 그것들이 인간세계에 공존하고 있는 이유가 무엇인가? 왜 노인은 나에게 굳이 사랑만을 가르치려 하는가? 우리가 왜 올바른 가치로서 사랑을 택하는가에 대한 대답은 적어도 그냥 '우연'은 아니었다. 인간의 존재이유에 대해 다시 생각해 본다. 사랑과 인간의 존재이유, 그리고 악과 선이 공존하는 이유. 그것들이 다시금 나에게 다가오는 것을 느낀다.

내 방의 공기는 매우 한적하다. 남쪽을 향해 크게 난 창에는 여러 사람들의 삶이 그려져 있고, 그 따스한 햇살이 그들에게 그리고 나에게 생명을 주고 있었다.

우리 집 앞에는 자동차 정비소가 하나 있다. 부모님은 그런 것보다는 학교나 파출소가 생기는 것을 더 좋아하셨지만 나는 그렇지 않았다. 나는 이런 날 그들이 일하는 모습을 보는 것을 좋아한다. 그들의 모습은 나에게 많은 교감을 나누어 주곤 한다. 일하는 사람들은 하나같이 부지런했고 활기가 넘쳤다. 창으로 흘러넘치는 그 따스하고 역동적인 모습이 나를 회복시키는 것을 느끼곤 했다. 이럴 때면 정말 책을 읽을 수 없을 만큼 고요했고 나는 늘 같은 의자에 앉아 사색에 잠겼다.

아직 악과 선이 공존하는 이유를 알아내지 못했다. 늘 천사와 악마가 양분되어 존재하는 이유 말이다. 특히 악이 존재하는 이유에 대해서는 도무지 이해가 가질 않았다.

사람들이 선을 추구하는 이유를 생각해 봤다. 단순한 이익으로 인한 것일 수도 있었다. 이익을 얻기 위해 타인을 고려하지 않고 자신만 생각했을 때 악을 행했다고 정의내리고 또 그것을 행했을 때 결국은 처벌받게 된다는 것을 알기 때문일 수도 있다.

그러나 이 생각은 곧 거두어들였다. 이 세상 어느 종교인이나 철학자나 일반인도 자신의 이익을 위해 남을 사랑한다는 사람은 없다. 어째서 다들 자신이 덜 가지고 덜 만족하더라도 남에게 사랑을 베푸는 것일까? 심지어 자신의 모든 삶을 내어놓고 세상을 떠나는 이도 있지 않은가? 일부 사회악을 제외하고는 그 봉사가 자신에게 미치지 않더라도 사람들은 봉사하는 자를 사랑한다. 이익은 결국 우리의 사랑이라는 가치에 아무런 영향력도 행사하지 못했다. 그때 노인이 나에게 했던 말들이 생각났다.

'자신의 이익과 사랑은 공존할 수 없단다. 인간은 심지어 자신의 적마저 사랑해야 한다. 그 본능은 어느 종족에게서도 볼 수 없었던 가장 위대하고 아름다운 것이지.'

갑자기 내 마음속에 잔잔한 정적이 흐르는 것을 느낄 수 있었다. 그의 말이 모두 옳았고 내가 그것들을 생각하기 전 노인은 이미 모든 것을 알고 있었다. 그리고 이제야 모든 것이 원점으로 돌아온 것을 알아차렸다!

나는 내가 매미에 대해 생각하며 인간의 존재에 대해 생각했던 것들을 기억해낼 수 있었다. 그리고 지금 나를 돌아봤을 때 내가 얻은 결론은 인간은 믿음의 존재이며, 선한 가치를 가치관으로 삼고 그것을 행하는 것이 인간의 도리라는 것이다. 이 말은 나와 같은 고민을 하지 않더라도 자신의 삶을 꾸려나가는 것이 올바른 길이라는 것이다. 그리고 인간이 사랑을 하기 위해 이 세상에 있다는 것을 알게 되었다. 모든 선한 감정은 사랑에서 비롯된다고 말이다.

하지만 나는 구체적인 인간의 존재이유에 대해서는 아직 알지 못했다. 그리고 선과 반대되는 감정들의 존재에 대해서도 말이다. 왜 사랑을 하냐는 물음에 대답하려면 나의 대답이 끝이 없을 것임을 나는 잘 알았다. 나는 사랑의 이유마저도 알고 싶었다. 그것의 존재는 우연이 아니다. 그것이 우연이라면 우리는 자신의 이익만을 추구해도 그것이 옳다 나쁘다 판단할 수 없기 때문이다. 또 그것이 우연이라면 인간이 그 우연적인 본능들을 삶의 이유로 받아들일 이유는 단 하나도 없다. 모든 것이 필연이라는 노인의 말이 생각났다. 우리는 명백히 무엇이 선이고 악인지 빛과 어둠처럼 분별할 줄 안다.

나는 내 생각을 바꿨다. 사랑이 모든 것의 다가 아니었다. 나에겐 사랑 그 이상인 진리를 찾는 일이 남아 있다고 말이다. 다음에 노인을 만날 때 반드시 내가 왜 사는지 물어볼 것을 나름 다짐했다.

또 나는 내가 노인과 가치에 대해 논하기 전 종교에 대해 생각했던 것을 기억했다. 가치를 추구하는 믿음의 존재 인간, 그리고 인간이 추구하는 가치 중 인간의 존재이유가 유일하게 명확히 표출되는 가치는 바로 종교라고까지 생각했었다. 도대체 이 질문으로 인해 얼마나 많은 사람들이 정신적으로 고통스러워하고 또 피를 흘렸는가? 사실 가톨릭에서 작은 봉 같은 것에 물을 묻혀 여기저기 뿌리거나, 절에서 자기 기도를 들어달라며 큰돈을 쓰며 금으로 만든 상들 앞에 절하는 것은 도무지 이해가 가질 않았다. 어떤 한 물건을 자기 몸보다 중요하게 여긴다거나 자기를 신의 아들이라고 한다거나 하는 것은 종교에 대한 내 머릿속 이미지를 더 나쁘게 만들었다. 하지만 나는 다시 그것에 대해 생각해 볼 필요성을 느꼈다.

내 삶의 이유를 모르는 지금의 나는 아무리 많은 사랑을 남에게

베푼다고 할지라도 만족할 수 없을 것이다. 차라리 종교적인 관습을 철저히 따르라 할지라도 나는 내 삶의 이유를 받아들일 것이다. 내가 세상에 사랑을 심는 지도자가 되기 위해서 만물이 이 세상에 있는 이유를 아는 것은 필수적인 것이기 때문이다. 진리가 멀지 않았다. 그리고 내가 세상에 나가서 외칠 날도 멀지 않았다!

4일 내내 시험을 치렀다. 늘 그렇듯 시험이 끝난 뒤 아이들은 고삐 풀린 망아지 같았으며 그들을 지켜보는 나 또한 기뻤다. 그렇게 나는 친구들과 집으로 향했고 나에게는 또 다른 시험이 남아 있었다. 가족들과 외식도 하고 영화도 보며 하루 일과를 마친 나는 내 방에 들어와 피곤하다고 말하며 일찍 잠자리에 들었다. 하지만 그날 밤 노인을 만나지는 못했다. 그는 지금쯤 뭘 하고 계시려나.

꽃

오늘 학교에 가서 그 녀석에게 평소 궁금했던 것에 대해 물어볼 생각이다. 솔직히 종교인들은 마음에 들지 않았다. 하지만 이 일도 하나의 과정이고 그들도 하나의 인간으로서 뭔가 느끼고 있지 않을까 싶었다.

싱그러운 날씨다. 여름철엔 누리기 힘든 포근한 날씨다. 하늘은 맑고 바람이 불었으며 그렇게 습하지도 덥지도 않았다. 미어지는 버스를 타고 머리가 어지러워지는 에어컨을 쐬며 등교하는 것보다

역시 아빠 차를 타고 학교 부근에 내리는 것이 좋다. 차에서 내려 아빠께 인사를 하고 마음속으로 부모님의 건강을 빌어 볼 때 나는 비로소 하루의 시작을 느낀다. 갓 뜨는 태양빛에 옅게 비춰지는 등굣길에서 나는 행복을 느낀다. 물론 시험기간이 끝난 뒤에만 느끼는 감정이지만……. 그렇게 나는 오늘은 무슨 일이 일어날까 기대하며 학교로 향했다.

4교시를 마치고 점심시간이 되자 나는 준영이에게 다가갔다.
"야!"
"어, 왜?"
준영이는 내가 노려보자 어느 정도 눈치 챈 듯한 표정을 지었다. 나는 준영이의 옆자리에 앉았다.
"솔직히 말해서 네 종교의 고리타분한 교리는 듣고 싶지 않아. 하지만 네가 답해 줘야 할 게 있어……."
녀석이 날 뚫어지게 쳐다보았다. 난 결심했고 녀석에게 물을 수 있었다.
"네 종교에서 사랑이란 뭐니?"
원하는 답이 나올 확률은 극히 적었다. 다시는 이런 식으로 이 녀석을 만나고 싶지 않았지만 어쩔 수 없었다. 녀석은 잠시 생각을 하는가 싶더니 이내 대답했다.
"성경을 한 단어로 축약시킨 것이 두 가지가 있어. 하나는 '사랑'이고 하나는 '예수님'이야."
"무슨 말인데?"
"성경을 읽어 봤을 때 그 말씀들이 우리에게 주는 메시지가 바로 사랑이라고. 그러니까……쉽게 말하자면 하나님은 사랑이셔."

"너희는 사랑을 신으로 믿는다고?"

"그렇게 막 이상하게 받아들이는 게 아냐, 멍청아! 태초에 이 세상이 생기기 전, 시간과 공간이 생기기 전부터 그분은 존재하셨어. 그것도 유일하게. 그의 본질은 사랑이셨고 그가 세상을 창조하실 적에 그의 형상으로 우리를 만드셨지. 그것은 모양을 본떴다는 게 아냐. 사랑으로 우리를 만드셨다는 거야. 우리가 사랑을 추구하며 살아가는 이유가 바로 그거야. 그것이 우리의 본질이며 신이 원하는 우리의 모습이니까."

"그래……."

어느 천재가 이 종교를 만들었는지 모르지만 그 체계는 완벽했다. 그것은 내가 여태 생각해 왔던 모든 것에 대한 답을 가졌고 어쩌면 사람들은 그것을 알고 이 종교를 그토록 많이 믿었는지도 모른다. 그리고 정말 어쩌면 이 종교가 옳은지도 모른다.

"좋아. 그러면 악은 어디서 생겼어?"

"음, 타락한 천사 이야기도 있지만 그것이 만들어진 근본적인 이유는 우리를 위해서래."

"그걸로 우리가 신을 믿는지 안 믿는지 판별하려고 만들었다고? 미친 짓이군."

"그럼 그거 말고 다른 게 있냐?"

"……예수는 뭐야?"

"'님' 자 붙이기 전까지 안 말해 줄 거다."

"……예수님은 뭐 하는 사람이야?"

준영이는 날 째려보더니 말하기 시작했다.

"그분은 사실 하나님이셔. 육신의 몸을 입고 우리를 구원해 주러 세상에 오신 거야."

"세상에! 너희 기독교인들은 전부 광신도구나!"

"생각을 해봐. 다른 종교 같은 걸로는 아무것도 설명할 수 없어! 오직 사랑이신 예수님만이 모든 것의 열쇠가 되실 수 있어. 단지 문제가 되는 게 있다면 네 믿음이야!"

"하지만 마구간에서 태어난 사람을 신으로 모시다니……뭔가 문제가 있다고는 생각 안 해봤니?"

"믿음은 은사니까 니가 믿든 안 믿든 나는 상관 않겠어. 그래, 원하는 답은 얻었냐?"

"그래, 좋아……. 너희 신의 본질이 사랑인 건 좋지만 악은 뭐야? 그게 말이 되냐? 그게 설명이 될 때까진 아무것도 믿지 않을 거야. 알겠어?"

"그건 네 사정이야, 임마."

나는 나가려고 했다. 어떻게든 녀석과 떨어지고 싶었고 나에게는 생각할 시간이 필요했다. 그때 녀석이 뭐라 말했다.

"사람의 입으로 들어가는 것이 더러운 것이 아니라 사람의 입에서 나오는 것이 더러운 것이다. 예수님이 하셨던 말씀이야. 인간은 신의 본질을 닮았지만……욕심이나 의심 같은 악한 것들도 인간의 본질에 속하긴 해. 네가 사랑에 대한 모든 것을 알고 싶다면 신을 닮아가야 하는 거야."

"결국 우리의 본질은 자신들이 만들어가는 거 아냐? 그럼 도대체 우리는 왜 선과 악 중에서 선을 더 추구해야 하는 거야? 그게 당연하고 아름다운 일인 건 알지만 왜 그런지는 모르잖아?"

"미안해. 신을 닮아서라고밖에 못 말하겠어. 우리가 보면 알듯이 다른 동물들도 사랑을 하기는 마찬가지야. 자기 자식과 부모를 사랑하니까. 또 동료를 격려하는 모습도 봤어. 인간이 동물과 다른 점은 악을 가치로 삼을 수 있다는 거야. 네가 악마의 존재를 믿지 않는다면 악 또한 인간의 본성이라고 말할 수밖에 없어."

"……."

믿음이란 것이 나에게 고통을 주는 것은 이번이 처음이다. 믿고 싶지만 기존의 내 상식들이 이를 거부했다. 진리는 어째서 나에게 직답을 주지 않는 것인가? 이 괴로움은 마치 사랑하는 사람의 행방을 찾지 못해 애태우는 애인의 고통과 같다. 미칠 것만 같았다. 하지만 전처럼 자살을 하고 싶다거나 그렇지는 않았다. 나에게는 노인이 있었고, 그는 지금 이런 순간이 나에게 닥칠 것을 이미 알고 있었을 것이다.

"도대체 너한테는 어떻게 그런 믿음이 생기니?"

"힘든 건 나도 알아. 그러니까 천국이 걸려 있는 거야. 네가 죄 없이 돌아가신 예수님을 믿고 그 의미를 되새길 때 구원받을 수 있지만 그 길은 심히 험난하고 가시밭길로 되어 있어."

순간 이런 생각이 들었다. 그것은 은근한 부러움이었다.

'아, 나도 이 녀석처럼 아무 생각이 없었더라면 얼마나 좋았을까. 바보 같지만 행복해 보이지 않는가? 그는 그것이 옳든 옳지 않든 모든 것을 알고 있는 것과 다르지 않다. 지금 그의 가슴은 공자나 부처나 그 어느 다른 사람보다도 시원할 것이다. 나도 바보 같은 믿음을 가질 수만 있다면…….'

"가 볼게."

"지우야, 집에 가기 전에 나한테 들렀다 가라."
그렇게 나는 교실을 나갔다.
모든 수업을 마쳤다. 오늘은 특별히 집에 가는 길에도 아빠께서 태워 주신다고 하셨기에 나는 정문에서 아빠를 기다렸다. 몇십 분 전 청소를 하고 내가 준영이에게 갔을 때 그 녀석이 가방을 뒤적거리더니 표지가 가죽으로 된 책 한 권을 건넸다.
"내가 어릴 때 썼던 건데 요즘 개역판이 나와서 우리 집에 많거든. 사실 전부터 너한테 주려고 했어. 이게 너한테 필요할 것 같아 보이거든."
나는 고맙다는 말 한마디 없이 가방을 둘러맸다.
"잊지 마. 그 책을 한 단어로 줄이면 사랑과 예수님이라는 거."
그렇게 나는 교실을 나왔다. 깨알 같은 글씨로 적혀 있는 성경일 것이 분명했다. 보기만 해도 읽기 싫어지는 책이었다.
그때 아빠가 도착하셨고 나는 에어컨으로 시원해진 차 안에 잽싸게 들어갔다.
"잘 다녀왔니?"
"네."
"특별한 일은 없었고?"
"네, 그저 평범했어요."
그리고 긴 침묵이 흘렀다. 나는 아빠에게 말씀드려 보기로 결심했다. 제발 별로 이상하게 생각하지 마셔야 할 텐데.
"아빠, 교회에 대해 어떻게 생각하세요?"
"교회? 다니고 싶니?"
"그런 게 아니고요, 그냥……."

이 또한 내가 원하는 답을 얻기에는 정말 힘든 상황이었다.

"괜찮아. 아빠도 한땐 자주 갔었단다."

순간 머릿속이 찌릿거렸다.

"네?"

이건 또 무슨 일인가? 나에게 그동안 한 마디도 안 하셨는데!

"근데 저한텐 아무 말도 없으셨잖아요."

"아무 말이 아니라 행동에서 집안 환경까지 모두 그렇지 않니? 나는 네가 나와 같은 환경에서 자라길 바랐단다. 엄마아빠는 네가 종교에 너무 세뇌될까봐 그런 환경들은 일체 보여주지 않기로 결심했지. 사실 그냥 한번 가보는 거였단다. 네 엄마는 그리 좋아하시지 않지. 날 만나기 전까지 절에 다니셨으니까. 아들아, 나는 네가 아무것도 모른 채 네 정체성을 찾는 그런 멋진 남자가 되길 바랐단다."

"네, 요즘 그런 거 한다고 온통 제정신이 아니에요."

긴 침묵 끝에 아빠가 조용히 물었다.

"너 혹시 꿈에서 어떤 할아버지를 만나 봤니?"

아빠의 눈이 긴장되어 있었다.

"그걸 어떻게 아셨어요?"

잠시 묘한 분위기가 맴돌았다. 갑자기 아빠가 차를 세우시더니 거의 기쁨의 포효를 하시다가 나를 한 번 끌어안으시고는 다시 운전대를 잡으셨다.

"사랑하는 아들아, 나도 젊었을 때 노인을 만났단다! 그때 나는 대학생이었지. 나는 그동안 네가 그를 만나기를 아주 오랫동안 바라고 있었단다."

'그런……!'

"그 노인은 나와 친구 같은 사람이었단다. 우리는 매일 꿈속에서 이야기했지. 그는 자신의 일들과 신에 대해서 말했지. 우리는 즐겁게 대화를 했단다. 그의 이름은 아브라함이란다. 그렇게 즐거운 생활을 하던 도중 나는 그의 이름이 성경에 나온다는 것을 알고는 그와 만날 것을 거절했지. 그때 한창 대학에서 철학과 인류학을 배우고 있었거든. 말 그대로 교회를 싫어했었단다. 지금은 매우 후회하고 있단다. 이제 보면 그의 말이 다 틀린 건 아니었거든. 그와 나의 마지막 만남에서 나의 아들에 대한 언약을 세웠단다. 바로 너 말이야. 그는 내가 마음이 바뀌었으면 한다고 나에게 말했고 그대로 나를 떠나갔지."

그제야 노인이 전에 한 번 언급하고 넘어갔던 말이 떠올랐다. 실로 놀라운 이야기가 아닐 수 없었다. 오늘은 생각해 봐야 할 것들이 너무 많았다.

"절대 노인을 놓치지 말거라."

아빠는 그렇게 말하고는 생각에 잠긴 채 운전을 하셨다.

나는 방에 들어와서 문을 잠갔다. 세상에, 이게 무슨 일인지. 도대체 예수는 어떤 사람이란 말인가? 그는 사람들이 아는 일반적인 성인이 아니었던가? 나는 인간을 신으로 절대 믿지 않는다. 어째서 아빠가 그런 말씀을 하셨을까? 나는 문득 생각이 나서 가방을 뒤적거려 준영이에게 받은 책을 꺼냈다. 책을 펼치자 낡은 쪽지 하나가 떨어졌다. 인간의 궁금증을 유발시키는 최상의 요소였다.

> 이르시되 진실로 너희에게 이르노니 너희가 돌이켜 어린아이들과 같이 되지 아니하면 결단코 천국에 들어가지 못하리라 그러므로 누구든지 이 어린아이와 같이 자기를 낮추는 사람이 천국에서 큰 자니라 또 누구든지 내 이름으로 이런 어린아이 하나를 영접하면 곧 나를 영접함이니
>
> —마태복음 18장 3-5절, 기도원에서

'어린아이와 같은 믿음이라······. 결국 그냥 믿으라는 것 아냐? 순 억진데······.'

그렇게 생각하고는 그 자리에서 마태복음을 통째로 읽었다. 보아하니 빨간색 글씨는 예수가 한 말이었다. 이해가 안 가는 부분이 많았고 마음 깊이 새겨들어야 할 명언들도 많았다. 예를 들면 한쪽 뺨을 맞았을 때 다른 쪽도 대라든지 등 사랑에 관한 것과 오래전부터 이어지던 딱딱한 종교의식을 깨고 병을 낫게 한다든가 하는 것들 모두 재미있었다.

하지만 이해가 안 가는 부분이 있었다. 어째서 네 이웃을 사랑하고 네 원수를 미워하라는 말을 예수님이 너희 원수를 사랑하고 너희를 박해하는 자를 위해 기도하라고 바꾸셨는지 이해가 가질 않았다. 원수를 사랑하게 되면 또 다른 악을 낳을 수도 있지 않은가?

여러 종교적 관행에 대한 말도 적혀 있고 재미있는 일화도 있었지만 그중에서 또 이해가 잘 되지 않는 부분은 바로 십자가에 못 박혀 죽는 것이었다. 그가 많은 선을 행하고 죄 없이 죽는 것은 감동적이었으나 그가 아버지께 자기 영혼을 받아달라고 외칠 때 나는 다시 종교적인 냄새를 맡을 수 있었다. 그리고 부활하고 다시 하늘

로 올라가는 것 또한 그저 이야기같이 느껴졌다. 하지만 이 책엔 그가 부활한 사실을 숨기려는 다른 종교 세력의 모습까지 적혀 있었기에 조금 의아하기는 했다.

또 그는 자기를 재판하려는 세력 앞에서 자기가 하나님의 아들 메시아라고 당당하게 말했었다. 그런데 이상하게도 예수님의 여러 행적들을 보았을 때 그는 그렇게 허무한 거짓말을 할 사람이 아니었다. 어째서 죽임을 당하면서까지 자기를 신이라 말하며 자기로 말미암지 않으면 천국에 갈 수 없다고 말했을까? 그의 그 차분함과 용기와 믿음은 어디서 나온 것인가? 어째서 그렇게 천국을 확신했는가? 어쩌면 모두 지어낸 이야기일 수도 있다. 내가 이것을 믿을 필요 또한 없다. 그는 그저 나의 연구대상이었다. 다른 성인들과 달리 조금 특별한 소재였을 뿐이다. 그러나 그의 목소리가 내 마음 한 구석에서 메아리치며 내 심장을 울려왔다.

시험을 마치고 난 뒤라 그런지 시간적으로 여유가 많았다. 나는 하루 종일 친구들과 놀다가 집에 늦게 들어와서는 이제 피곤하다며 가족에게 말하고 내 방에 들어갔다. 바로 피곤한 몸을 침대에 눕혔다. 평소 같았으면 지쳤으니 바로 잠을 청했을 것이다. 하지만 오늘은 달랐다. 호기심이 나를 뒤덮고 있었으며 알 수 없는 긴장감이 맴돌았다. 그것은 진리를 향한 나의 열정이 아니었다. 어쩌면 정반대였다. 나의 육체가 내 정신을 앞지르고 있는 것을 느꼈다. 하지만 애써 의식하려 들지 않았다. 이미 육체는 나를 지배했고 나는 이길 수 없었다. 아니, 이기려 들지 않았다.

나는 살며시 컴퓨터 전원을 켰다. 방문은 잠겨 있었고 그렇게 나는 성인 영상물을 봤다. 그때만은 내 마음속에 노인이 존재하지 않았다. 진리 또한 느껴지지 않았다. 어째서 늘 잊지 않았던 그 존재를 잊을 수 있었을까? 언제나 나를 지켜보고 있다고 생각했는데 왜 지금 나는 이러고 있는 것인가? 하지만 육체는 나에게 그런 것을 생각할 틈을 주지 않은 채 죄악을 강행시켰다. 모든 일을 끝마친 후 나는 피곤함을 이기지 못하고 바로 잠자리에 들었다. 노인이 희미하게 머리에 떠올랐지만 별 문제될 것이 없으리라 생각했다. 왜 그런 생각을 했는지 알 수 없다. 아마 의식이 흐렸기 때문일 것이다. 그리고 그렇게 생각할 때쯤 언제 눈을 감았는지 잠이 들어 있었다.

눈을 떴다. 구름 한 점 없는 하늘이 보였다. 강렬한 햇빛을 내뿜는 그 하늘은 다정하게 나를 감싸기보다는 좀 더 냉정함으로 나를 바라보고 있었다.

정신을 차리고 재빨리 일어났다. 물론 노인은 나와 함께하지 않았고 사방은 흙으로 만든 건물들로 가득 차 있었다. 나는 어느 좁은 골목길 한가운데 누워 있었는데 저 멀리에 광장이 보이는 그런 곳이었다. 조금 당황스러웠다. 나는 그 동굴에서 다시 노인을 만나고 다시 이야기를 나누며 또 다른 세계를 경험해 보길 원했다. 하지만 이번엔 달랐다. 전에 혼자 광야를 헤맸을 때엔 노인이 나와 함께하는 것을 느꼈었다. 목적지를 반드시 찾을 수 있을 것이라는 확신 또한 있었다. 그러나 지금 나는 완전히 홀로 남겨졌다. 아무도 나를 지켜보지 않았다.

골목이 끝나는 지점에서 보이는 사람들은 나와 전혀 무관하다는 것을 말해주듯 무심히 지나갔다. 조금 무서워지기 시작했다. 어젯밤에 있었던 일이 생각났기 때문이다. 내가 죄인이라는 것이 두려웠고 그 때문에 이렇게 된 것이라고 믿었다.

그때 멀리서 사람들이 웅성거리는 소리가 들렸다. 광장이었다. 나는 재빨리 소리가 나는 곳으로 달려갔다. 사람들이 낡은 거적때기를 걸친 한 사내를 둘러싸고는 그를 향해 손가락질하며 고함을 치고 있었다. 나는 그 무리를 향해 다가갔다. 몇몇 지나가는 긴 두건을 두른 여자들이 나를 이상한 눈초리로 바라보며 빠른 걸음으로 지나가는 것을 눈치챘지만 나는 그 이유를 알지 못했고 그저 내가 이방인처럼 생겨서라고 생각했다. 나는 살며시 무리 사이에 끼어들었다. 사람들이 그를 향해 돌을 던지고 욕설을 하기 시작했을 때 나는 그들 앞에 나섰다.

"전후사정은 잘 알지 못하지만 여러 사람이 이렇게 한 사람을 몰아세우는 것은 심하지 않습니까?"

사람들이 나를 쳐다봤다. 나는 주목받고 있다는 것에 두려움을 느꼈지만 인내했다. 그때 한 사내가 소리쳤다.

"너도 이 녀석이랑 다를 게 뭐야? 너도 얼마 전에 간음죄로 감옥에서 나왔으면서 큰소리야?"

"젊은 것이 벌써부터 그런 짓을 하다니. 네놈이 그 젊음만 믿고 다시 한 번 그런 더럽고 추악한 짓을 한다면 그땐 내가 너를 쳐서 죽일 테다!"

나는 그들이 나를 향해 외치는 소리를 믿을 수가 없었다.

'내가 간음죄를……'

순간 다시 어젯밤의 일이 생각났다. 차마 죄를 짓지 않았다고 말할 수가 없었다. 부끄러웠다. 그들은 뭐라 수군거리면서 나를 응시했고 얼마 동안 그러더니 하나 둘씩 사라지기 시작했다. 결국 광장에 남은 사람은 나와 그 사람뿐이었다. 그가 어디론가 걷기 시작했고 나도 그를 따랐다.

"사람들이 당신에게 이러는 이유가 뭐죠?"

그는 한동안 말이 없었다. 우리는 막다른 골목에 다다랐고 그는 구석으로 가서 벽에 등을 기대고 앉았다. 나도 그를 따라했다.

"보아하니 너는 간음죄로 감옥살이를 좀 했나보구나."

"별로 그렇게 크겐 안 했어요. 그래서 이렇게 빨리 나왔죠. 그러니까 남자라면 한 번씩 해볼 만한 정도요."

"……."

다시 말이 없었다. 그는 낡은 천에 얼굴이 반쯤 가려져 보이지 않았지만 굉장히 차분하면서 슬픈 모습을 하고 있었다.

"나는 간음한 자를 구해 줘서 이렇게 되었다."

그는 갈 곳이 없어 보였다. 아마 자신으로 인해 가족을 잃었을 것이다. 아니면 그 일이 그가 매우 젊었을 때 일어난 일이거나.

"죄악에 대해서 좀 아니?"

"네?"

그가 나에게 무엇을 말하려는지 알 수 없었다.

"인간이 만약 죄 사함을 받지 못한다면 실로 그만큼 불행한 일은 없을 게다."

나는 가만히 그의 이야기를 들었다.

"하지만 그들이 용서하지 않는다면……."

그의 말에 떠오르는 것이 있었다. 그렇다. 용서는 인간의 감정에 있는 기준에서 만들어진 것이다. 만약 누군가 어떤 이를 용서하지 않는다면 그 사람이 진심으로 스스로를 반성한다 하더라도 세상은 그를 돌아보지 않을 것이고 그의 삶은 비참해질 것이다. 다른 기회는 영원히 주어지지 않을 것이다.

"나는 죄를 짓지 않았음에도 불구하고 그들에게 어떤 용서도 얻지 못하고 있단다. 여기가 그런 곳이야. 아마 너도 이곳에서는 살아가기 힘들 게다. 그들은 죄지은 사람을 낡아버린 가죽 부대처럼 여기며 내다 버릴 뿐이란다."

나는 경직되었다. 내가 노인에게 용서받지 못한다면, 어쩌면 나는 이곳에서 평생을 방황해야 할지도 모른다. 그런 내 모습을 봤는지 그 사람이 웃기 시작했다. 그리고 나에게 말했다.

"너무 걱정하지 마라. 죄는 그들에게도 있으니. 다만 그들에게 사랑이 없어서 용서를 할 수가 없는 거니까. 혹시 이런 말 기억하니? 오른뺨을 맞거든 왼뺨도 돌려 대라. 그들에겐 그것을 실천할 마음이 없는 것이란다."

노인이 그럴 가능성이 없다는 것을 확인한 나는 안심했다. 그는 매우 편안한 사람이었다. 정말 그에게서 그가 말하는 죄악이라고는 느낄 수가 없었다. 나는 그가 불쌍했다. 어째서 이렇게 좋은 사람을 그렇게 대하는지…….

"하지만 간음은 큰 죄란다. 그것은 가장 숭고한 것을 가지고 장난치는 악마의 놀음이기 때문이다. 사랑을 그렇게 여기는 것이야말로 이 세상에서 가장 큰 죄악이지."

나는 이 말을 명심했고 다시는 그런 것들을 보지 않겠다고 마음속으로 남몰래 다짐했다.

"사람은 사람에게서만 용서를 받는 것이 아니란다. 만약 그렇다면 죄인의 인생은 더없이 비참해질 테니까."

　나는 그로 인해 많은 생각을 해볼 수 있었다. 잠시 후 내가 지금까지 어떤 삶을 살아왔는지 뉘우쳐야 했다. 내 삶에는 꿈은 있어도 사랑이 없었다. 진리를 추구했지만 그 어느 누구에게도 진심으로 사랑을 실천하지 않았던 것이다. 자기 일이 아니더라도 애써 도와주려 하는 준영이의 모습이 생각났다. 그리고 나는 의식했다. 나는 지금까지 뭘 하면서 살아왔는가?

　"세상 그 누구도 너를 용서하지 않는다 할지라도 신은 너를 용서하고 사랑할 거다. 네가 어떤 낮은 삶을 살았더라도 너를 집을 떠났다 돌아온 아들처럼 반길 거다."

　"하지만 그것을 어떻게 알 수 있죠?"

　그는 나에게 다가왔다.

　"믿음으로 말이다."

　한동안 말이 없었다. 결국 믿어야 하는 것이었다. 하지만 무엇으로 내가 이 근거 없는 이론을 받아들여야 하는가? 이 문제만 해결되면 나는 아무 문제없이 진리를 받아들일 수 있다. 다 포기하고 아빠나 준영이를 따라갈 수 있다. 하지만 내 양심이 그런 행동을 허락하지 않았다. 무언가 확실해지기 전까지는 그 어느 곳으로도 치우치지 않겠다고 다짐한 나였다. 나는 왜 이 세상에 존재하는가. 그것은 중요한 답인만큼 그 어느 누구도 나에게 말해주지 못했다.

　"너는 어디서 왔니?"

　나는 망설였다.

　"모르겠어요. 사실 저는 다른 세상에서 살고 있는데요, 자고 일어나니까 여기 와 있던걸요."

그가 다시 웃으면서 말했다.

"그 말이 거짓말이라면 내가 네 죄를 용서해 주마."

그때 골목 입구에서 누군가 우리를 보고 소리쳤다.

"여기 그 녀석들이 있다!"

그러자 몽둥이와 돌을 든 사람들이 달려오기 시작했다. 나와 그는 반대편 벽을 향해 달렸다. 그는 나보다 큰 체구로 그 담을 넘었지만 나는 할 수 없었다. 담을 뛰어넘으려고 애썼으나 되지 않자 그가 내 손을 붙들고 담을 넘도록 도와주었다. 그의 손은 나이에 비해 매우 거칠었다. 사람들이 뭐라고 계속 외쳐대는 것이 들렸다. 하지만 그는 이런 모습과 대조되게 평안히 걷고 있었다.

"오늘은 이렇게 지내고 이곳에 대한 설명은 내일 하자꾸나."

그와 나는 사람들의 눈길을 피해 다른 골목으로 들어갔다. 우리는 그곳에서 다음 날이 올 때까지 시간을 보냈다.

밤하늘에 무수히 박힌 별들을 보았다. 노인이 나에게 바라는 것이 무엇인지 읽어낼 수가 없었다. 그리고 나는 이 사람이 말한 신이 과연 나의 죄를 용서할지 다시 생각해 봤다. 그러리라고 굳게 믿어본다. 나는 살아생전에 한 번이라도 신을 만나 본다면 어떤 힘들고 고통스러운 삶이라도 살 수 있을 것이라 생각했었다. 내가 만약 그 본질이 사랑이라는 신을 한 번이라도 만날 수 있다면! 입가에 웃음이 번졌다. 내게 그런 기회가 주어진다면 행복하리라.

나는 내가 살던 시대에선 정말 보기 힘든 별들을 신기하다는 듯이 쳐다봤다. 오리온 자리를 직접 발견한 나는 놀라움을 감출 수가 없었다. 생각보다 컸다. 그렇게 나는 우주 속 하나의 티끌로서 무수한 벽화들을 바라보며 잠이 들었다.

※

"일어나거라."

그가 나를 깨웠다. 비몽사몽간에 상황판단을 파악하려고 했다. 그리고 지금 일어나고 있는 일들이 결코 평범하지 않음을 알아챘다. 사실 이렇게 아침을 맞이할 수 있어서 너무 기뻤다. 새로운 모험을 할 수 있다는 것은 두려움에 앞서 행복을 느끼게 해주기 때문이다.

그는 나에게 꿈을 잃은 이 도시에 대해 설명해 줬다. '평범'이라는 죄를 범하는 것에 대해서도 말이다. 그들은 이기주의자였고 범죄자였다. 언제부터 자신들이 그런 모습을 가지게 되었는지 알지 못했다. 그저 어쩌다, 살다 보니 이렇게 되었다는 것이다. 이것은 화평과는 거리가 멀었다. 풍족해진 자신의 삶을 유지하고자 하는 욕심 때문에 그들은 바라볼 것을 잃어버린 것이다. 말은 행복이라 칭하지만 그것은 영락없는 범죄였다. 그들은 자신의 인생에 내재된 무한한 가능성을 포기했다. 그런 그들이 살아가는, 아니 버리고 있는 시간들이 마지막에 후회하는 이들에겐 얼마나 소중한 시간인지 모른 채 말이다.

나는 자신의 존재와 가치에 대해 무관심하게 여기며 살다가 죽어가는 많은 현대인들을 떠올려 보았다. 그들은 학생 때에는 옷과 겉모습을 좇았고 중년 때에는 돈을 좇았다. 그리고 나이가 들어 비로소 인생의 무상함을 느끼고 가족을 바라보기 시작한다. 안타까웠다. 이렇게 과거의 삶만 바라보며 사라지는 목숨들이 얼마나 많은가?

현대사회에서 인간은 동물이 되어가고 있지 않은가. 취업과 생사 이전에 인간이 가져야 할 것들을 잃어가는 그 수많은 벚꽃 잎들이 우리 주위에서 얼마나 많이 떨어지고 있는가? 이미 그들은 인간으로서 죽은 것이다. 살아 있지만 동물인 그들은 그저 지능 높은 두뇌와 DNA를 가진 다세포에 불가하다. 이것은 심한 표현이 아니다. 일반화된 고정관념들 틈에서 돋아나는 새싹을 아프게 느끼는 것일 뿐.

그렇게 평범에 대해 이야기하던 그는 이 죄악이 낳는 다른 죄악에 대해 이야기했다. 안주하려는 사람들은 자신이 추구하는 이익과 행복을 위해 다른 사람들과 멀어지려 하고 그로 인해 남이라는 개념이 두터워진다는 것이다. 이것은 실로 현대인의 모습이었다. 그리고 그렇게 서로가 멀어짐으로 인해서 사랑이 식고, 용서가 사라진다는 것이었다. 누구나 당연히 생각하면서 누구나 지키지 못하고 있는 문제였다.

나는 이미 용서가 없는 세상의 위험에 대해 생각해 본 적이 있었기에 비로소 문제의 심각성을 파악했다. 무엇인가 조금이라도 잘못되면 법에 의존하여 자신의 가슴속에서 외쳐대는 감정이라는 존재를 애써 잊으려 하는 것이 현대인의 모습이 아닌가? 오직 자신의 이익을 위해서 말이다……. 세상을 고치기엔 너무 많은 사람들이 타락해 버린 것이 아닌가? 절망적이고 어두운 미래의 모습이 떠오르자 나는 슬픔이 몰려왔다. 이렇게 세계 곳곳에 사는 모든 사람들을 향한 근심을 가져본 것은 이번이 처음이었다.

그러다가도 그는 남은 선한 사람들 이야기를 하면서 나를 안심시켰다. 그 사람의 이야기가 나의 분위기를 좌우지했다. 숨은 달변의 천재가 따로 없었다. 그는 가끔 어른들이 할 법한 조언들을 하면서 나를 그의 대화 속에 끌어들였다. 그저 누명을 쓰고 도망치는 아저씨치고는 나에게 지나치게 관심을 갖는 듯했지만 나는 그에게 아무것도 묻지 않았다. 어쨌든 이 사람도 노인과 비슷하다는 것 정도는 눈치 챘었으니까.

한참을 여기저기 돌아다니며 신전이나 마을 그리고 제사 드리는 광장 등 여러 곳을 둘러보았다. 그는 나에게 인간들이 처음엔 이렇지 않았고 노아의 방주 사건이 일어나고 바벨탑이 무너지면서 사람들이 세계로 흩어졌다는 성경에 나오는 이야기를 해주었다. 확실한 역사라고 믿지는 않았지만 나는 그가 그런 이야기를 해주는 것이 즐거웠다. 이야기를 마치고 그가 먼 산을 바라보고 있을 때 나는 질문을 했다.

"저는 사랑하는 것이 인간의 주된 목적이라고 생각해 왔어요. 하지만 그 대상과 범위에 대해 구체적으로 아는 바가 없어요. 아니면 정말 모든 것을 사랑해야 하나요?"

그가 말했다.

"네가 너를 사랑하는 자를 사랑하면 무슨 상이 있겠고, 만약 네가 네 형제에게만 문안하면 어떻게 다른 이가 너를 사랑해 줄 수 있겠니? 그렇게 사랑의 순환이 끊기게 되면 인간은 인간됨을 상실하고 만단다."

"그 인간됨이란 도대체 뭐죠?"

"인간만이 가지는 가치관이란다. 신의 모습이지."

그가 다시 먼 산을 바라보았다. 그는 무언가를 생각하는 듯했지만 그것이 무엇인지 나로서는 알 수가 없었다. 아마 추억이리라. 그러고는 그가 나지막이 들리지 않게 속삭였다.

"그러므로 하늘에 계신 너희 아버지의 온전하심과 같이 너희도 온전하라……."

우리는 그늘진 시원한 골목을 찾아서 쉬었다. 흐르던 땀이 다 식어갈 때쯤 내가 그에게 물었다.

"혹시 아브라함에 대해 아세요?"

나는 그에게 꿈속에서 노인을 만났던 일에 대해 조금 일러주고는 그의 이야기를 들었다. 열국의 아버지라 불리는 이 아브라함은 아주 늙은 나이에 신의 도움으로 간신히 가진 자식을 신의 명령에 순종하여 제단 위에 제물로 바치려 했었다고 한다. 물론 신은 아브라함이 하려는 일을 막았고 그 마음을 시험해 보고서는 뿔이 덤불에 얽혀서 묶여 있는 양을 제물로 바치게 했다는 유명한 일화가 있다고 했다. 그 말을 듣고 나는 노인이 아주 대단한 사람이라 여겨졌다. 어떻게 신을 위해 그렇게 모든 것을 바칠 수 있는지 신기할 따름이었다.

우리는 다른 곳을 둘러보기 위해 골목에서 나왔다. 그때 또다시 우리를 보고 소리치는 소리가 들리기 시작했다.

"그놈들이다! 잡아서 데려가자!"

내가 상황을 파악하고 있는 사이 그가 내 팔을 붙잡고 뛰기 시작했다. 나도 그를 따라 쉬지 않고 뛰었다. 골목 사이사이를 빠져나갔다. 뒤에서 놈들이 점점 다가오는 소리가 들렸고, 우리는 또다시 위급한 상황에 처했다. 우리가 어느 광장에 다다랐을 때 광장과 연결된 모든 길과 골목에서 사람들이 나오는 것을 보았다. 되돌아 가려 하자 뒤에서 놈들이 나타났다. 결국 붙잡히고 만 것이다.

 칼을 찬 사내들이 우리의 손을 밧줄로 묶은 채 어디론가 끌고 갔다. 그때 그가 말했다.
 "강도는 아닌 것 같으니 아마 낡은 가죽부대 같은 우리를 내다 버리려는 모임인 것 같다."
 덜컥 겁이 났다. 그 사내들은 우리를 노예 부리듯 강제로 끌면서 끊임없이 광야를 걷게 했다. 우리는 말없이 걷기만 했고 가끔 그들 때문에 넘어졌다가 겨우 일어나기도 했다. 그렇게 오랜 시간이 지난 뒤 마침내 한 동굴 입구에 도착했다.
 동굴의 양 벽에는 규칙적인 간격으로 횃불이 걸려 있었고, 이 무리가 꽤 큰 집단이라는 것을 알 수 있었다. 나는 그 조직적인 위압감에 짓눌렸다. 그러나 그는 담대했고 그저 자기 목적에 의해 온 사람처럼 행동했다. 갑자기 우리를 붙들고 있던 녀석들이 뭐라고 외쳐대면서 걸음을 재촉했다. 나는 사정이 안 좋은 이상 그들의 말을 순순히 따랐다. 그때 그가 말했다.
 "여기 있는 사람 모두 다 불쌍히 여길 수 있겠니?"
 "네?"
 그는 목소리를 낮출 생각을 하지 않은 채로 나에게 말했다.
 "살아 있는 모든 인간에게는 바뀔 수 있는 기회가 주어져 있단다. 그것이 나쁜 쪽이든 좋은 쪽이든 간에 말이다. 하지만 죽은 뒤부터는 그 권리를 잃어버리게 되지. 너는 살아 있는 모든 인간을 사랑해야 한다. 입장을 고려하지 마라. 같은 기회를 가진 인간 대 인간으로서 진리를 모르는 사람을 불쌍히 여기고 품어 주거라. 그들은 단지 몰라서 그렇게 살 뿐이니까. 그렇게 할 준비가 되었을 때 너는 진리를 알게 될 것이다."

한동안 침묵이 흘렀다. 더 이상 그는 전부터 나를 알고 있었다는 것을 숨기지 않았다. 우리가 이상한 문양들이 새겨진 철문 앞에 멈췄을 때 그가 다시 입을 열었다.

"그리고 지금 우리는 용서받는 권리를 잃은 자 앞에 가고 있단다."

철문이 열렸다. 그 문은 서서히 어두운 그림자를 몰아가며 새로운 그림자를 뿜어대기 시작했다. 문이 열리고 안이 보이자 나는 놀라지 않을 수 없었다. 끊어진 쇠고랑을 찬 커다란, 엄청나게 커다란 용이 턱을 괴고 누워 있었다. 용이 서서히 일어나며 말했다.

"무슨 일로 이들을 데려왔는가?"

용이 가는 불길을 내뿜으며 서서히 일어나자 우리 옆에 있던 한 사내가 말했다.

"한 놈은 간음죄를 지었고 다른 한 놈은 당신의 교리에 어긋나는 짓을 했습니다."

"그렇다면 이 나라에서 추방시키면 될 것이지 어째서 나에게…… 아니?"

용이 나를 쳐다보았다. 나는 무서웠지만 아무렇지도 않은 듯 서 있는 그처럼 나도 대담해지려고 노력했다.

"네가 그 설치고 다닌다는 녀석이냐? 어떻게 이 시대로 넘어왔는지 모르겠군."

처음엔 눈치채지 못했지만 용이 말하는 것이 노인과 나의 관계를 이르는 듯했다.

"어떻게 나를 알지?"

용이 피식 웃으며 말했다.

"공중권세 잡은 자들에게 시간 개념은 없다. 아직 그런 것도 모르는 거냐? 괜한 걱정을 했군. 옆의 네놈도 이 녀석과 관계가 있느냐?"

"어째서 죄 없는 사람을 희롱하여 이 나라를 망치려 드느냐?"

그가 말했다. 이 말을 들은 용은 흥분하기 시작했고 사람들이 달려와서 그의 무릎을 꿇게 했다.

"그 녀석을 내버려 둬! 진짜 진리가 무엇인지 놈에게 가르쳐 주겠다. 네놈도 그 할아범의 신도겠지? 이 거짓된 선동자야! 죄가 없다고? 흥, 너희 신에게 어떻게 죄를 사할 권세가 있다는 거지? 그는 순간의 실수로 타락한 우리의 죄를 사하지 못한 거짓말쟁이다! 분노에 가득 차서 그러지 못했던 것이다. 그는 완벽한 사랑이 아니었던 거야."

"너희가 자초한 일을 신에게 돌리는 것 또한 죄라는 것을 네가 잊었느냐? 너희 악한 권세 잡은 자들은 신의 선하심마저 이용하려 들어 신을 배신하는 자들이 아니었던가? 너희에게 실낱같은 사랑이라도 있었다면 신이 너희를 용서하셨으리라."

용의 격분이 한계에 이르렀다.

"뭐라!"

용이 어마어마한 양의 불을 입에서 내뿜었다. 나는 도망치지 못하고 그 자리에 움츠렸다. 하지만 눈을 떠보니 담대하게 서 있는 그의 먼발치에서 그 불길은 더 이상 다가오지 못했다. 주위에 있던 사람들은 도망갔고, 여러 신상과 기둥들은 형체도 없이 녹아들었다. 심지어 쇳덩어리들도 시뻘건 쇳물이 되어 있었다.

"네 녀석이 인간 세상에서 맴도는 것을 멈추게 하기 위해 내가 이 자리에 섰느니라."

그가 천천히 한손을 들어올려 용을 가리키자 용의 몸에 금이 가기 시작하더니 그 금을 통해서 빛이 새어 나오기 시작했다. 용은 괴성을 질렀고 파멸되어가는 용을 뒤로한 채 그와 나는 유유히 동굴을 빠져나왔다.

동굴에서 완전히 벗어난 우리는 아까 그 무리가 수많은 낙타와 짐을 이끌고 마을로 향하는 것을 볼 수 있었다. 아마 그들은 다시 새로운 삶을 살겠지. 나는 그 무리를 지켜보고 있는 그에게 고개를 돌렸다. 그는 그저 평범한 사람으로 보일 뿐이었다.

"당신은 누구인가요?"

그는 조용히 미소를 띄우고는 광야 한가운데로 걸어 나갔다. 나는 그를 따라가지 않았다. 그저 말없이 쳐다보고만 있었다. 그때 멀어지는 그의 몸에서 무언가 흩날리는 것이 보였다. 그의 피부가 빛나는 가루를 흩날리며 벗겨지고 있는 것이었다. 그의 너덜너덜한 옷도 희게 변하면서 빛나고 있었다. 그가 저만치에서 살며시 돌아서려 할 때 나는 그의 손등에 난 못 자국을 발견했다!

"예수님!"

나는 그에게 달려갔다. 심장이 뛰기 시작했고 나는 그를 발견했다는 사실에 온몸에 소름이 돋고 환희가 쏟아나는 것을 느꼈다.

"나에게 다가오지 말라. 나는 아직 아버지로부터 세상을 맞이할 준비됨을 얻지 못하였느니라."

나는 멈춰 섰다. 나는 멀리까지 걸어간 예수님께 외쳤다.

"저는 여태 당신의 행적들을 못마땅해했습니다."

예수님께서 웃으셨다.

"세상에 믿지 않는 모든 이들이 다 그러하니라."

나는 다시 외쳤다.

"하지만 정작 저는 그 어느 누구도 사랑하지 못한 삶을 살아왔습니다. 자신을 해치는 자마저 사랑하라는 당신이 옳았습니다! 저는 당신이 나의 죄를 사할 능력이 있다고 믿습니다! 저를 용서해 주세요!"

예수님은 여전히 웃으며 말씀하셨다.

"네가 죄 사함을 얻었느니라."

나는 떨고 있었다. 하지만 지금 이 순간이 나에게 얼마나 숭고하고 행복하게 받아들여지는지 아무도 모를 것이다.

"아무에게도 나를 만났다고 이르지 말거라."

예수님은 저 멀리 끝없는 모래 광야를 향해 걸어가셨다. 그는 사랑이었고 나는 죄인이었다. 나는 그런 처지에서 그를 나의 이성으로 평가하고 헐뜯어 오지 않았던가? 진리를 추구한답시고 살아왔던 나의 삶이 부끄러웠다. 나는 묵묵히 걸어가는 그의 뒷모습을 바라보다가 눈을 감았다.

다섯 번째 날

　방학식은 이제 일주일 앞으로 다가왔다. 학창 시절을 경험한 사람이라면 누구나 이 시기의 기분을 알리라. 어떤 불쾌한 일이 일어나도 마음속에 봄꽃이 만발하는 그런 나날이었다. 여기저기서 합쳐지는 매미의 울음소리는 더 이상 소음이라기보다는 추억을 되살려 주는 웅장하고 활기찬 클래식이었다.
　꿈속에서 있었던 모든 일들을 더듬어 본다. 내가 그를 만났다는 사실이 나를 얼마나 기쁘게 만드는지 모른다. 하지만 용이 나의 존재를 너무나 잘 알고 있다는 사실이 마음에 걸렸다. 어째서 나를 '그 설치고 다니는 녀석'이라고 불렀을까? 그 공중권세 잡은 자들이라는 사람들이 나의 존재를 잘 안단 말인가? 나는 상상도 못할 일들이 나에게 닥쳐오고 있음을 느꼈다. 용의 말은 나에게 예고장이나 다름없었다. 어쩌면 도전장일 수도…….
　나는 차근차근 지난날 있었던 일들을 생각해 봤다. 그리고 한동안 잊고 있었던 일을 떠올렸다. 바로 다프네였다. 버스 안에서 만난 다프네 때문에 시험에도 집중을 할 수가 없었던 일이 떠올랐다. 나는 방학이 되기 전에 그녀에게 접근해 볼 것을 다짐했다. 그녀는 나의 첫사랑이었고 절대로 놓쳐서는 안 되는 존재임을 잘 알고 있었다. 이미 내 머릿속에서 이성에 대한 망상들이 교차하기 시작했고 더 이상 헤어 나올 수 없을 만큼 그 생각에 빠져들고 있었다. 눈앞을 가린 것은 그녀의 환상이었고 귀를 가로막은 것은 내가 상상하는 그녀의 목소리였다.

"야, 임마!"

'깜짝이야~!'

준영이었다.

"부르면 대답을 해야 할 것 아냐?"

"아……미안."

녀석이 내 옆에 털썩 앉았다.

"무슨 생각을 그렇게 넋 놓고 하냐?"

"그런 게 있어."

한동안 말이 없었다. 뭔가 말해볼 게 없나 싶었다. 예수님을 만났다는 것에 대해서는 말하지 말라고 당부를 받았으니 할 수 없고, 다프네 이야기를 하자니 녀석은 너무 종교에 싸여 있는 녀석이었다.

"방학 다가오니까 좋지 않냐?"

녀석이 먼저 말을 꺼냈다.

"그래……."

"그래서……책은 읽어 봤냐?"

나는 피식 웃었다.

"그래, 그 마태복음인가 뭔가 하는 거 다 읽어 봤다."

"와, 좋은 거 봤네?"

"참 무모한 사랑을 적어 놨더라."

"어, 그게 원래 그래."

다른 세상에서 봤던 예수님의 모습이 눈앞에 어른거렸다. 그 손의 못자국도 말이다. 그가 바로 자칭 신의 유일한 아들 예수인 것이다. 나는 베일에 싸인 그의 진상을 더 이상 캐려 하지 않았다. 사실 나에게는 그를 판정 지을 권한조차 없었다. 그가 누구든 위대한 사랑을 실천한 사람임에 틀림없기 때문이다. 그는 위인이었고 성인이었다. 살아 있는 모든 인간은 사랑받을 가치가 있다는 그의 외침이 저 파란 하늘에서 맴도는 듯했다.

오늘은 준영이와 같이 집에 가기로 했다. 꿈을 꾼 뒤부터 왠지 이 녀석을 신뢰할 수 있었다. 이젠 사이비 종교의 신도가 아닌 한 철학자로서 녀석을 내 친구로 받아들이기로 했다. 내 인생이 여태껏 가치 없는 일들로 가득 찼었다는 것을 알아차린 후부터 말이다.

우리는 지극히 일상적인 이야기를 나누며 길을 걸었다. 나는 지름길로 가지 않고 준영이가 이끄는 다른 길로 걸었다. 나는 그와 이야기하는 것이 즐거웠고, 되도록 그와 함께하려 했다. 나는 여태 몰랐던 그의 이야기들을 알 수 있었고 그 또한 그랬다. 사실 나에게 진정한 친구란 없었다. 나는 어렸을 적부터 혼자였고 내 스스로가 그것을 원했다. 그러다 중학교에 들어와서 사춘기에 접어들었고 나쁜 짓을 하며 돌아다니는 애들을 동경하기 시작했다. 나는 그들 무리에서 활동하기 시작했고 그것이 틀린 길이라는 것을 안 뒤 그들과 떨어졌다. 가족을 제외한 모든 것과 단절된 채 살았다. 그러던 어느 날 이 녀석이 나타난 것이다.

준영이는 내가 어떤 성격을 지녔고 어떤 정신세계를 지니고 있으며 무슨 생각을 하고 살아가는지 알고 있었다. 헤르만 헤세의 책에서 나온 데미안처럼 말이다. 단지 다른 점이 있다면 이놈은 좀 멍청한 면이 있다는 것이다. 하지만 그는 나의 유일한 말상대였다. 그놈이 아무리 마음에 안 드는 종교관을 늘어놓아도 내가 그를 떠나지 않는 이유가 그것이다. 그리고 준영이와 가까이 지낸 것이 얼마나 다행스런 일인지 요즘 새삼 깨닫게 되었다.

그때 멀리서 버스를 기다리는 어떤 한 여학생이 보였다. 눈여겨보니 아니나 다를까, 다프네였다. 갑자기 준영이가 내 옆구리를 팔꿈치로 쳤다.

"가봐, 임마."

"뭐라는 거야?"

나는 어이없다는 듯이 웃었다.

"나도 버스 안에 있었어. 쟤가 내릴 때 끝까지 지켜보던 널 봤단 말이야. 기회를 놓치지 말라고."

준영이는 혼자 다른 길로 가버렸다.

'기회라……'

쉴 새 없이 비가 내린다. 뒤늦게 길가에 핀 장미들은 맑은 빗물을 한껏 머금고는 즐거워했다. 비가 와도 그리 어둡지 않았다. 비가 어찌나 많이 오는지 앞이 잘 보이지 않을 정도였다. 그녀는 정류장에 말없이 앉아 깊은 생각에 잠긴 듯 넓은 도로를 보고 있었다. 말을 걸고 싶었다. 무슨 말이든 해서 가까워지고 싶었다. 다가가면 다가갈수록 향기로운 그녀의 모습이 안개비 속에서 선명해진다. 막상 말을 걸어보려니 무슨 말을 해야 할지 떠오르지 않는다. 한참을 뒤에서 서 있다가 힐끔 그녀를 쳐다봤을 때 마침 우산이 없다는 것을 알아차렸다. 게다가 이 정류장은 버스가 아주 드물게 와서 때로는 20분도 더 기다려야 하는 곳이었다. 근처에 다른 정거장이 있기에 나는 그것을 대화거리로 삼기로 결심했다.

"저기……."

그녀가 쳐다본다. 맑은 두 눈이 나와 마주친다. 묘한 기분이다.

"혹시 괜찮으면 다른 정거장까지 가드릴게요."

수줍어한다. 그녀가 낯이 붉어져서 고개를 떨구었다. 그리고 나는 그녀의 수줍은 미소를 볼 수 있었다.

"괜……찮을까요?"

나는 알 수 없는 자신감을 느꼈다. 주위를 둘러싼 장미꽃들이 나를 향해 응원해 주고 있다는 것을 느꼈다. 모든 사람들이 우리를 보며 따뜻한 미소를 보내주고 있는 듯했다. 비가 더 이상 서늘하게 느껴지지 않았다. 마치 양털처럼 가볍고 따뜻하게 우리를 감싸 안고 있었다. 난 힘차게 고개를 끄덕였다. 그리곤 얼마간 그녀와 함께 빗속을 걸었다.

그녀를 생각하니 잠이 오지 않았다. 벌써 몇 시간째 눈만 멀뚱거리고 있다. 여지껏 한 번도 느껴 보지 못했던 감정들이 아직까지 온 몸에서 떠나가질 않았다. 행복했다. 도저히 잠을 이룰 수가 없었다. 하지만 나는 오늘 노인을 만나야 할 것을 잘 알았기에 애써 이불 속을 파고들었다.

눈을 떴다. 역시 캄캄한 것이 동굴 속이었다. 내 몸을 감싸고 있는 빛나는 것들이 내 발걸음을 재촉시킨다. 나는 익숙한 길을 걸어갔다. 그리고 마침내 '빨리!' 라고 적힌 은빛 태엽이 탁자 위에 놓여 있는 것을 알아챘다. 나는 기분 좋게 살짝 웃고는 태엽에 손을 대었다.

"아아아아!"

늘 그렇듯 또 어디론가 떨어졌다. 온몸이 욱신거렸지만 그보다 노인을 찾는 것이 우선이었다. 나는 숲 속에 있었다. 나뭇가지 사이로 햇빛이 새어 들어오는 그런 곳이었다. 그렇게 한참을 헤매다 마침내 숲이 끝나는 지점에 도착했을 때 나는 놀라움을 금치 못했다. 상상도 할 수 없을 만큼 커다란 폭포수와 무지개가 장관을 이루었고 목이 긴 새들이 무리지어 날아다녔다. 늘 노인은 이런 풍경을 보고 신비로워하는 내 모습을 재미있다는 듯이 쳐다보곤 했었다. 그때 바위에 걸터앉아 손짓하는 노인의 모습이 보였다. 나는 그리로 달려갔다. 노인은 나를 따뜻한 미소로 맞이했다.
"널 보는 날이면 언제나 마음이 설렌단다."
'저두요.'
이렇게 우리의 네 번째 만남은 시작되었다.

"오늘은 뭘 가르쳐 주실 거죠?"
"글쎄다……. 뭐일 거 같니?"

"생각해 오신 거 아니었어요?"

"나도 이렇게 가르치는 건 너무 오랜만의 일이라서……. 어디 보자, 믿음 소망 사랑……그래, 소망에 대한 건 어떻겠니?"

생각보다 실망스러웠다.

"글쎄요. 소망이라면 누구한테나 다 있는 거 아니에요?"

"그렇게 생각한다면 넌 이것을 배울 가치가 있어. 소망은 너의 꿈을 말하는 것이란다. 꿈은 단순한 바람과는 다르단다. 바로 네 정신이 존재하는 이유가 되는 것이지. 꿈이 없는 인간은 죽은 것이나 마찬가지야. 그러니까 네 삶의 목적과도 같은 것이란다."

"제가 사는 목적이라면……인간에게 궁극적인 소망이 존재한다는 말인가요?"

이것이 바로 내가 그토록 찾던 또 다른 답이었다.

"그럼 존재하고말고. 그것이 무엇일 것 같니?"

나는 이 물음에 어떻게 답해야 할지 이미 오래전부터 알고 있었다.

"진리에요!"

노인이 다시 미소를 지었다.

"너는 앞으로 이 궁극적인 소망에 대해 조금씩 알아갈 것이다. 이 소망의 샘을 마시는 자는 누구든지 다시는 목마르지 아니할 것이란다."

나는 언젠가는 그 답을 확실하게 얻을 수 있다는 믿음을 가질 수 있었다.

"이제 너는 소망이 인간에게 어떠한 존재인지를 알 준비가 되었다."

노인은 나에게 손을 내밀었다. 나는 그의 손을 붙잡았고 우리는 흰 구름 속을 향해 사라져갔다.

나는 어딘가에 누워 있었다. 그런데 전에 천막에서 일어날 때와는 다르게 굉장히 불편하고 아팠다. 주위를 살펴보니 내가 고철덩이들 위에 누워 있다는 것을 깨달았다. 사방이 온통 짙은 회색으로 덮여 있었고 곳곳에 세워져 있는 고층 빌딩들은 유리창이 모두 깨지고 녹슬고 낡아 있었다. 다리는 무너졌고 길거리의 차들은 쓰레기가 되어 있었다. 평소에 눈에 익은 간판들은 모두 닳고 닳아서 형체를 알아보기 힘들었다. 무엇보다 가장 큰 특징은 안개로 인해 사방이 흐린데다가 몹시 춥고 사람들이 보이지 않는다는 점이었다. 몇십 미터 근방에 모닥불이 피워져 있는 것이 보였다. 노인이었다.

"할아버지!"

나는 너무 무서워서 그를 향해 달려갔다.

"너무 두려워하지 말거라. 여기서 너를 해칠 수 있는 사람은 아무도 없다."

안심이 되었지만 너무 낯선 곳이었기에 당황스러웠다.

"이곳은 소망을 잃은 곳이란다. 소망은 마치 횃불과도 같은 것이어서 삶의 앞길을 밝혀 주지. 그리고 만약 빛을 잃게 되면 내가 가야 할 길을 알지 못한단다. 여기에도 사람이 살긴 하지만 빛을 잃은 지 오래라서 그들은 빛 보기를 몹시 귀찮아하고 또 싫어한단다. 네가 해야 할 일은 바로 이 세상에 빛을 전하는 것이다."

나는 몹시 긴장했다.

"우선 이 사람들에게서 소망을 빼앗아 간 악마들이 있는 곳으로 가거라. 그리고 소망의 불꽃을 되찾아 오거라. 그리고 이 세상에 다시 빛을 심어 주는 거지."

노인이 나에게 검은 보석으로 만들어진 톱니바퀴를 건넸다. 아주 나쁜 기운이 느껴지는 물건이었다.

"이제 가거라."

나는 심호흡을 했다.

"지켜 주실 거죠?"

노인이 답했다.

"늘 그래 왔듯이."

나는 노인 앞에서 웃어 보이고는 이내 톱니바퀴와 함께 검은 소용돌이에 휘말려갔다.

나는 눈 덮인 산중턱에 있었으며 말할 것도 없이 매우 추웠다. 마침 몸에 털옷이 걸쳐져 있어 바람을 막을 수는 있었다. 산의 정상을 바라보았다. 구름 너머에 신전같이 생긴 건축물이 있었다. 하는 수 없이 그곳으로 향했다. 걷고 또 걸었다. 종아리가 당겼지만 나는 사람들이 꿈을 잃고 살아가는 모습이 너무 싫었다. 그들에게 불을 주고 싶었다. 멀었던 눈에 다시금 시력을 되찾아 주고 싶었다. 그런 그들을 생각했기에 멈출 수가 없었다.

마침내 그곳에 도착했다. 뒤돌아보자 구름을 지난 지 이미 오래였다. 그런데 이상하게도 위는 별로 춥지 않았다. 신전 한가운데 이상하게 생긴 향로가 있었고 그곳에서 밝은 빛을 발하며 타오르는 불이 있었다. 다른 불과는 달랐다. 뭔가 몸속까지 따뜻하게 만드는 힘이 있었다. 나는 그것이 사람들의 소망이라는 것을 단번에 알아차렸다. 향로 주위에는 스무 명 정도 되어 보이는 악마들이 그 불을 뜯어먹고 있었다. 그들 각각의 자리 옆에 인간의 탈이 있었으며 월계관이나 금으로 된 지팡이 등이 놓여 있었다. 이 악마들은 신의 행세를 하며 사람들에게서 꿈을 뜯어먹고 있었던 것이다. 나는 달리 방법이 없었기에 그들 앞에 당당히 섰다. 녀석들이 일제히 동작을 멈추고 쳐다보았다. 그중의 한 놈이 말했다.

"난 네놈을 알아……. 네 녀석이 다프네를 다시 인간으로 만들고 예수에게 빌붙어서는 우리의 형제를 그 불구덩이에 다시 집어넣었지."

성이 나서 으르렁거리는 목소리였다. 다른 녀석이 근육질 모양의 인간 가죽에서 나오며 말했다.

"그럼 여기 나타난 이유는 뭐냐?"

녀석이 향로를 힐끔 쳐다보더니 다시 말했다.

"아……이 불을 훔치러 왔단 말이지……. 어디 할 수 있으면 해 봐!"

녀석이 삼지창으로 땅을 찍으며 일어서자 신전이 크게 진동했다. 모두 하나같이 추하게 생겼으나 그나마 지적으로 생긴 악마가 삼지창을 든 녀석을 말렸다.

"이 녀석은 아브라함의 보호를 받고 있다. 네가 하는 짓은 지극히 무모하다. 저리 비켜."

녀석이 화를 참지 못하겠다는 듯 으르렁거리며 제자리에 앉았다.

"정말 이 불을 가지러 왔단 말이냐?"

악마가 차분히 말했다.

"네."

 그러자 자리에서 일어서더니 나에게 다가왔다. 몸집이 성전 기둥 만했고 몸 여기저기가 지지고 찢긴 자국들로 가득했다.
 "네가 뭔가 착각하고 있는데 이 불은 네가 생각하는 그런 것이 아니다. 이것은 인간들의 헛된 망상이다. 지금 저들이 사는 모습은 바로 그런 망상에서 벗어나서 평화를 누리고 있는 모습이지. 아브라함은 너에게 세상을 왜곡시켜서 보여주고 있는 것이다. 인간은 이런 망상들 때문에 실패를 맛보지. 만약 이 불이 다시 인간에게 돌

아간다면 그들은 큰 좌절과 함께 고통을 맛볼 것이다. 아브라함은 순한 모습으로 둔갑하여 네 눈을 속이려 하지만 우릴 봐라. 우리는 너에게 참모습을 숨기지 않지 않느냐?"

순간 흔들릴 뻔했다. 그가 말하는 것이 꼭 틀리지 않았다는 생각이 든 것이다. 하지만 내 마음속 깊은 곳에선 그 말이 옳지 않다고 외치고 있었다.

"평화와 평범은 좀 다르지 않던가요?"

그러자 악마가 흠칫했다.

"평범도 평화란다. 평범하게 살 수 있다는 것이 안정되고 행복한 삶이지 않더냐?"

"저도 얼마 전까지 그렇게 살았었죠. 그런 삶이 필요한 사람들도 있고요. 그리고 제가 지금 이 자리에 선 것은 그 삶이 옳지만은 않았기 때문입니다. 목적지가 없는 항해가 의미가 없듯이 그런 삶에선 더 이상 삶의 가치를 찾을 수 없었어요."

그러자 악마가 나와 대화하기 위해 숙였던 몸을 일으켰다.

"언젠가 아브라함이 너를 버리고 우리가 네 녀석의 사지를 갈기갈기 찢는 날이 올 것이다. 그때 가서 원망하지 말거라."

그러고는 다른 악마들을 이끌고 날아갔다. 그때 가장 젊어 보이는 악마가 뒤돌아보며 말했다.

"나를 알아보겠느냐? 흐흐흐······."

그 녀석이었다! 광야에서 나를 괴롭혔던 녀석!

"우리 인연은 아직 끝나지 않았다, 애송아······."

그렇게 불쾌하게 웃으며 날아가버렸다. 그 녀석의 말은 마치 폭풍의 전조처럼 여겨졌다. 훗날 있을 그 폭풍을 위해 그들은 그렇게 물러났다. 그들 앞에 서 있는 것이 너무 무섭고 힘든 나머지 다리에 힘이 풀려 버렸다. 어쨌든 나는 불을 되찾았다.
 그때 불이 솟구치더니 사방으로 빛을 발하기 시작했다. 그리고 순식간에 불은 사람의 모습을 띠었다.
 "고맙다."
 중년 사내의 목소리였다.
 "너에게 선물을 주고 싶구나."
 불이 나에게 금빛으로 타오르는 씨앗을 주었다. 따뜻했다. 그러자 그 씨앗은 허공에 떠오르더니 내 가슴속에 들어왔다. 그가 말했다.
 "꿈은 이루어질 수 있다는 확신과 믿음을 먹고 자란단다. 네게 언젠가 믿음이 생기게 되면 이 불씨가 온 세상을 태울 것이다."
 그가 더욱 빛을 발하더니 나를 향해 두 팔을 벌리며 외쳤다.
 "어서 가거라, 불갈퀴를 가진 주의 사자여!"
 나는 그의 불길 속으로 빨려들었다.

 눈을 떴다. 어두운 내 방이었고 나는 침대에서 굴러 떨어져 있었다.

 다시 현실로 돌아오리라고는 예상하지 못했었다. 당연히 노인과 다시 만날 줄 알았건만…….
 하던 일을 중간에 끊었으니 극도의 흥분상태인 것은 당연했다. 나는 정신없이 아침에 일어나 대충 등교할 준비를 하고는 학교로 향했다.

버스에서 내려 다른 학생들과 횡단보도 앞에 섰다. 그때 어떤 할아버지가 다가와서는 내 팔을 잡았다. 그저 평범한 할아버지였다. 그는 나를 근처에 골목으로 데리고 가서 말했다.

"도대체 어딜 갔던 게냐?"

아니나 다를까, 바로 노인이었다. 나는 당황스러워서 말했다.

"저도 모르겠어요. 그냥 할아버지가 시키는 걸 그대로 하니까……."

노인은 내 말을 듣더니 내 가슴에 손을 짚었다.

"일이 너무 빨리 진행되는구나……. 나는 네가 불을 얻어 오리라 생각했건만 그가 너에게 감당하기 힘든 것을 줘 버렸어……. 아니, 어쩌면 내가 너무 너를 보호하려고 했던 것일지도……."

"제가……받은 것이 뭔가요?"

"성령이다."

나는 그것의 존재를 이미 준영이가 준 책에서 읽었었다. 그가 세상을 떠나며 제자들에게 약속하셨던 바로 그것이었다.

"성령은 소망의 원천이다. 그리고 성령은 믿음으로 인하여 크고 강력해진단다. 네가 그의 앞에서 어떤 모습을 보였든 간에 그가 네 믿음을 아주 높이 보고 있는 듯하구나……."

나는 내 마음속에 어떤 믿음이 존재하는지 알지 못했다. 하지만 그것은 지금 중요한 것이 아니었다.

"제가 어떻게 다시 여기 온 거죠?"

"그건 네 마음속에 많은 변화가 있기 때문이다. 추측하건대……."

노인이 주위를 둘러보더니 시선을 어딘가에 고정시켰다. 다프네였다. 나는 화들짝 놀라서 노인을 바라보았다. 노인은 알고 있었다는 듯이 미소를 짓고 있었다.

"네 마음속에 지펴진 불이 잠재된 사랑을 깨웠나 보구나."

"잠재된 사랑이라면……?"

노인이 천천히 내 손을 잡았다.

"하루 동안 많은 것을 보게 될 것이다."

그리고는 미소와 함께 사라졌다.

여느 때와 다를 것이 없는 학교생활이었다. 이상한 것들이 보이는 것을 제외하곤 말이다! 사람들의 가슴속에 불 같은 것이 타오르는 것이었다. 그 모습이 제각기 달랐다. 어떤 사람은 벽난로의 불길같이 따뜻한 반면 어떤 사람은 손도 못 댈 만큼 차가웠다. 쇳물이 흐르는 사람도 있었고 촛불이 켜져 있는 사람도 있었다.

나는 다급히 준영이를 찾았다. 녀석의 말이 옳다면(물론 요즘에는 많이 신뢰하는 편이지만) 내가 장담하건대 그의 가슴속은 빛으로 가득할 것이다. 내 예상이 틀리지 않았다. 준영이 이 녀석은 불이 마치 날개를 편 듯 그 녀석에게 붙어 다녔다. 그리고 그것은 눈을 뜨기 힘들 만큼이나 빛났! 노인의 말에 따르면 그 녀석의 그 무모한 믿음이 소망을 불태우는 것이리라.

그리고 나는 내 자신의 가슴속을 바라봤다. 내 가슴속에 들어 있는 불은 사실 불이 아닌 씨앗이었다. 복숭아씨 만한 것인데 내 심장박동을 따라 진동했다. 가끔 다프네를 쳐다볼 때나 나쁜 짓을 하는 녀석을 볼 때면 이것이 금방이라도 터질 듯 불을 내뿜다가 내 몸속에 둘러쳐진 어떤 사슬에 의해 다시 진정되었다. 사실 나는 그 사슬의 존재를 알았다. 그것은 두려움이었다. 내가 살아오면서 내 자신을 합리화시켜서 은폐하려고 했던 바로 그것이다. 결국 나는 오늘로서 그 존재를 인정해야 했다.

마음을 가다듬은 나는 믿음과 소망이라는 것을 생각해 봐야만 했다. 도대체 나에게는 왜 이것들이 준영이에 비해서 이렇게 약한 것일까? 나는 나를 이렇게 속박하는 사슬들을 끊고 싶었다.

점심을 먹고 나자 이 세상이 전에 봤던 폐허로 된 세상처럼 재구성되어서 보이기 시작했다. 악마들이 보였고, 그와 대항해서 열심히 불을 내뿜는 인간들의 불꽃도 보였다. 악마나 불꽃이 다소 약한 녀석들이 다니는 곳에는 창가에 서리가 맺힌다거나 벽에 약간의 금이 가고 철이 녹슬었다. 마치 그때 노인과 함께 봤던 그곳처럼 말이다. 그러나 따뜻한 애들은 달랐다. 그들은 자기뿐만 아니라 주변의 다른 곳까지 회복시키는 능력이 있었다. 내가 보는 것은 바로 영적 세계였다. 그리고 그것은 실제로 존재했다. 나는 창 밖을 내다봤다. 사람들보다 악마가 더 많았다. 평화로운 여름의 오후는 알고 보면 전쟁터였다…….

갑자기 내가 보던 창문에 눈꽃이 피어올랐다. 나는 재빨리 뒤를 돌아봤다. 어떤 악마가 내 눈을 응시하고 있지 않은가. 나는 그대로 맥이 풀려 주저앉았다. 그러자 악마가 맹수같이 달려들었다. 그때 상공을 가르는 어떤 무리가 나타났다. 천사였다! 바로 날개 달린 그 천사 말이다! 그들은 도망치는 악마들을 쫓기 시작했다. 그리고 전신을 무장한 한 소년이 나를 향해 다가오더니 악마의 가슴 깊이 검을 찔러 넣었다. 악마는 괴로워했으나 죽지는 않았다. 그는 그 악마에게서 칼을 빼고는 그를 창 밖으로 내던졌다. 유리가 깨지면서 악마는 밖으로 나가떨어졌다. 사람들 중에서 호들갑을 떤다거나 나처럼 무서워하는 사람은 아무도 없었다. 하지만 내 눈에는 이곳은 이미 전장이었다.

나는 준영이를 보았다. 악마가 다가가자 흔적도 없이 태워버리지 않는가? 특히 다른 애들이 시비를 걸 적에 그 불은 더욱 확고하다는 듯 타올랐다. 나를 도와준 천사가 내 상체를 일으켜 주었다. 그리고는 무심한 눈으로 내 눈을 바라본 다음 어디론가 날아갔다. 준영이는 강한 녀석이었다. 나는 그의 몸에 둘러진 빛으로 된 갑옷을 보았다. 언젠가 녀석이 말해 줬던 전신갑주는 실제 다른 세상에서는 존재했던 것이었다.

머리가 혼란스럽다. 다른 애들은 아무것도 알지 못한 채 살아간다. 자신들이 모르는 사이에 무슨 일들이 일어나고 있는지 말이다. 쉬는 시간에 애들이 모두 체육을 하러 나갔을 때 나는 머리가 너무 아파서 나갈 수가 없었다. 그대로 팔을 포갠 채 책상 위에 엎드려 있었다.

"괜찮니?"

나는 놀라서 고개를 들었다. 다프네였다. 다시 내 안에 사랑의 감정이 샘솟기 시작했으나 나는 다시 한 번 사슬의 억눌림을 느꼈다. 나는 다프네가 눈치채지 못하도록 그녀의 가슴속을 보았다. 평온한 빛이 그녀의 가슴으로부터 나를 감싼다. 그리고 내가 노인을 만날 때마다 볼 수 있던 그 빛이 그녀에게서 솟아오르고 있었다. 나는 고개를 끄덕였다.

"전에 비 올 때 정말 고마웠어."

"어……."

나는 그녀의 주변을 둘러보았다. 그리고 나는 처음 다프네를 봤을 때와 똑같은 광경을 볼 수 있었다. 그녀가 있는 우리 반 교실은 더 이상 황폐한 시멘트 건물이 아니었다. 모든 곳이 꽃들로 채워져 있지 않은가? 빛들이 그녀로부터 요동치는 것을 나는 보았다. 그녀가 수줍어하며 떠나간다. 붙잡고 싶다. 이름을 묻고 싶다. 하지만 나는 사슬을 의식할 수밖에 없었다. 그녀가 떠난 교실은 다시 폐허가 되었다.

'아……!'

탄식이 나온다. 도대체 나는 왜 이 모양이란 말인가? 나는 이 사슬을 경멸한다. 나는 사슬에 대한 증오와 사랑에 대한 갈망으로 가슴을 터뜨렸다. 자리를 박차고 복도에 있을 다프네에게로 향했다. 그리고 내가 본 것은…….

다프네가 보였다. 웃으며 누군가와 이야기하고 있다. 조금 더 밖으로 나와 그 상대를 쳐다봤다. 다른 남학생이었다. 서로 이야기를 한다. 그냥 지나치는 인사라기에는 대화가 긴 듯하다. 서로 손을 잡고는 수업을 마치고 만날 것을 약속한다.

나는 다시 내 자리로 돌아왔다. 그들이 주고받은 눈빛에는 친구라기보다는 더 깊은 것이 느껴졌다. 나도 모르게 웃음이 나왔다. 이것은 처절한 웃음이었다. 나는 내 자신의 모습이 어떠한지 잘 알고 있었기 때문이다. 녹슨 사슬에 묶인 노예 같은 나의 모습은 더 이상 언급하지 않겠다. 분하면서도 주체할 수 없는 슬픔과 비애가 몰려왔다. 나는 그녀를 이렇게 사랑하는데 그녀에게 가까이 갈 수도 없는 존재였다니……. 신분이 나와 그녀를 가로막는 듯해서 나는 다프네에게 가까이 갈 수가 없었다. 마치 공주와 노예처럼…….

나는 여태 꿈을 꾸며 살았다. 나는 내 꿈속의 멋진 용사이고 세상이 나를 주목하고 있다고 여겼다. 하지만 현실은 그렇지 않았다. 꿈속에서 내가 얼마나 거창한 사람이건 사람들은 신경 쓰지 않았다. 내 인생이 한스럽다. 빼어난 용모도, 성적도, 돈도 가지고 있지 않았다. 그저 꿈만 꿨고 어쩌면 그게 내 인생의 전부일지도 모른다.

할 수 있는 게 꿈꾸는 것밖에 없는 자신의 처지를 깨달은 느낌을 아는가? 착하지도 나쁘지도 못한 미지근한 성격에, 사슬에 묶여 사는 사람인 것을 생각해 봤는가? 내가 다리 위에서 뛰어내린다고 해도 나에게 신경 쓰는 사람은 극소수일 것이다. 나는 그저 꿈만 꿀 뿐……

"무슨 일 있었니?"

돌아오는 길에 노인이 다가와 묻는다.

"할아버지, 저랑 이렇게 같이 있어 줘서 고마워요. 그런데 아무리 생각해도 할아버지께서 저와 함께 계실 이유가 없는 것 같아요. 저는 너무 평범하고 힘없고……."

"그렇지 않다는 건 네가 더 잘 알잖니?"

노인이 단호한 표정으로 말했다. 나는 울화가 치밀었다. 더 이상 참을 수가 없다.

"전 세상을 구하는 동화 속 주인공이 아니에요."

"네 자신을 믿지 못하는구나."

"이제 그만해 주세요!"

사람들이 쳐다보았다.

"진리를 안다고 저한테 달라지는 건 없어요! 제가 왜 사는지 안다고 해도 제 삶을 기억해 주는 사람은 몇 안 된다고요! 사랑을 하면 뭐가 달라지죠? 아무도 절 사랑해 주지 않아요!"

눈물이 흘렀다. 나는 이 눈물이 얼마나 정당한지 알지 못한 채 눈물을 흘렸다. 억울했다. 예수님 말처럼 모두를 사랑한다고 한들 정작 나에게 돌아오는 건 없었다.

"이 세상은 절 사랑하지 않아요."

"……."

침묵이 흘렀다.

"그거 아니?"

노인이 말했다.

"넌 아직 아무도 사랑해 주지 않았단다."

그리고 노인은 걸어갔다. 영원히 돌아오지 않을 것처럼…….

밤이 늦었지만 집에 들어갈 수 없었다. 전에 꿈속에서 예수님을 만났을 때 당신이 옳았다고 외쳐대던 내 모습이 떠올랐다. 그런데 정작 나는 그의 뜻을 실행하지 않고 있지 않은가? 답답하다. 세상을 탓하기엔 나도 죄인이다. 더 이상 난 고칠 수 없는 고철덩어리같이 쓸모없는 존재였다.

내가 자주 가는 공원에 갔다. 그리고 늘 앉던 벤치에 앉았다. 하지만 이번엔 아무런 생각도 하지 않았다. 전지가 다 닳은 장난감처럼 말이다.

그때였다. 먼발치에서 어떤 밝은 물체가 조금씩 응집되는 것이 보였다. 바로 그 빛이었다. 동굴 속에서 늘 상공을 맴돌던 그 빛 말이다. 빛은 조금씩 쌓여 갔고 사람의 형태를 갖추어 갔다. 예수님이었다.

"무얼 그리 낙심하느냐?"

"……여긴 왜 오셨어요……?"

사실 나는 너무나 기뻤다. 우선 나에겐 조언을 해줄 수 있는 사람이 필요했고, 게다가 그가 바로 나의 롤 모델인 예수님이시지 않은가? 그가 내 옆에 앉으신다.

"가엾은 것……."

나는 시무룩해진 상태에서 말했다.

"세상이 절 버린 것 같아요. 아무도 절 사랑해 주지 않아요. 그런 세상을 어떻게 사랑할 수 있어요?"

그러자 예수님께서 말씀하셨다.

"넌 네 자신을 얼마만큼 사랑하니?"

"그저 원망스러운 존재죠……."

"사랑은 자기 자신을 태워서 상대방을 따뜻하게 해주는 것이란다. 하지만 나 자신이 땔감으로서 부실하면 불을 제대로 지피지 못하듯이 넌 네 자신을 사랑할 필요가 있단다."

그가 일어났다.

"우선 네 자신을 사랑해 보거라. 그러면 타인의 소중함을 알게 될 것이다."

빛이 벚꽃 흩날리듯 흩어져 간다. 그가 마지막 말을 이으셨다.

"명심해라. 사랑은 주고받는 인과적인 것이 아니라 일방적인 것의 연속이다. 내가 사랑하는 나 자신을 버릴 때 그 일방성이 시작되고 언젠간 그 일방성이 너에게 돌아올 것이다. 나의 십자가의 사랑을 기억하거라."

그렇게 그의 형상은 흩어지면서 사라졌다.

집에 돌아왔다. 잠을 잘 수가 없다. 혹시 노인을 만나서 어색하게 될까 봐 두려웠다. 오늘 노인한테 했던 행동들이 부끄러웠다. 뒤늦게 많은 사람들이 보고 있었던 것이 의식되었다.

나는 침대에 걸터앉아 생각에 빠졌다. 사람을 사랑하는 것이 그렇게 힘든 일이었는가? 왜 나는 사랑하는 것이 옳은 일인 줄 알면서 그것을 실행으로 옮기기 싫어하는가? 남에게 신경 쓰는 게 귀찮아서? 나에게 돌아오는 보상이 없어서? 비록 틀리다고는 할 수 없어도 다른 것이었다. 사랑을 하기 전에, 남을 위해 뭔가 하기 전에 드는 그 감정은 새로운 것이었다. 그것은 '사슬'이다. 아마 그 사슬의 이유로는 여러 가지가 있을 것이다. 편안한 생활이 나를 그곳에 안주하게 만든다거나 현대의 경쟁사회로 인해 삭막해진 감성 때문일 것이다.

나는 이제 그것들을 '악'이라고 부르겠다. 이유 없이 사랑을 하지 못하게 하는 그것, 그것이 악인 것이다. 사랑을 하지 못하게 하는 그 존재가 점점 마음속에서 깊어질수록 우리는 우리의 가치관 속에 존재하는 '나쁜 사람'이 된다.

악은 마치 감정을 가진 것처럼 우리에게 다가온다. 우리 자신의 나약한 부분을 너무나 잘 알고 그것들을 이용하여 우리를 선한 길로부터 멀어지게 만든다. 그것들이 왜 우리를 사랑하지 못하게 하는지 이유는 모른다. 그러나 이제 나는 그것을 경계해야 할 것이다.

며칠이 지났다. 아직 노인을 만나지 못했으나 오히려 잘된 듯했다. 나에겐 시간이 필요했고 노인과의 사이도 썩 명쾌하지 않으니까…….

사실 노인과 만나지 않은 요 며칠간 나는 예수님 말씀을 따라 나 자신을 사랑하기 위해 노력했다. 처음엔 쉽지 않았다. 가정생활, 학교생활 등 어느 하나 즐거운 것이 없었고 심한 열등감을 느꼈다. 그러나 조금씩 살아 있는 것이 얼마나 행복한 것인지를 깨닫기 시작했고, 마지막으로 내가 살아 있다는 사실을 알게 되었다.

예전에 노인이 살아 있다는 것은 기회를 가지고 있다는 뜻이라고 말한 적이 있었다. 내가 아직 숨쉬고, 걷고, 생각한다는 것은 진리를 받아들일 수 있는 기회를 가지고 있다는 것이다. 몇몇 사람들은, 아니 요즘 현대인들은 정신적인 깨달음이 우리에게 얼마나 큰 쾌감을 주는지 알지 못한다. 그것은 물질적, 육체적 쾌감과는 비교할 수 없을 정도로 짜릿한 것이다.

그리고 진리는 나에게 삶의 목적과 영적 충만함으로 용기와 비전을 준다! 그런데 이런 진리를 알고 있음에도 불구하고 내 삶에 만족하지 못해 목숨을 끊는다면 이 얼마나 큰 손실인가? 나는 내 삶이 행복하다. 가끔 악에 짓눌려 그 진리인 사랑을 잊어버릴 때가 있을 뿐이다.

나는 삶의 개척자가 되는 권한을 가진 것이 얼마나 큰 축복인지 알기 시작했고 다른 사람, 아니 이 지구상 모든 사람들이 이 사실을 알기 원했다. 그래, 이것이 사랑이 아니고 무엇이겠는가!

나는 다시 꿈을 꾸기 시작했다. 모든 사람들이 진리를 알게 되는 것이 바로 내 꿈이다. 그리고 처음으로 준영이를 따라 교회에 가보

앉다. 인류를 위해서 내 첫 기도를 드렸다. 준영이는 나에게 기도가 신과의 대화라고 했지만 나는 그저 예수님이나 노인께 내 마음을 털어놓는 정도였다. 안 해본 사람들은 모르겠지만 자기 속마음을 털어놓는 것은 정말 즐거운 일이다. 내가 죄를 지었음에도 그것을 고백함으로 조금씩 용기가 생긴다고 할까…….

어쨌든 기분 좋은 시간들을 보냈다. 평소에는 그렇게 하기 싫던 쓰레기 분리수거도 슬리퍼를 끌면서 군말 없이 해봤다. 여태껏 알지 못했던 엄마의 사랑에 감사하는 뜻에서였다. 또 나를 위해서만 열었던 지갑을 헌금을 내기 위해 열었다. 준영이는 그것이 물질이 나에게 아무런 의미가 없다는 것을 고백하는 것이라고 했지만 사실 돈을 낼 때 나는 별 생각이 없었다.

이렇게 하고 싶지 않은 일을 함으로써 나는 내 자신이 조금씩 따뜻해져 감을 느꼈다. 내가 얼마나 위대한 사람인가와 행복은 전혀 무관한 것임을 깨달았다. 나의 사슬은 나날이 끊어져 갔고 불씨는 타올랐다.

어느 날 거울에 비치는 어떤 것을 본 적이 있었다. 그것은 내 가슴속에서 타오르는 작은 촛불 만한 불꽃이었다. 추운 사막의 밤 속에 갇힌 나그네가 고군분투 끝에 작은 모닥불을 만들어낸 것 같은 기분이었다.

아직 준영이만큼은 아니었지만 나도 나름 이 불씨를 키우는 데 재능이 있었다. 사소한 것들은 되도록 양보하고 내가 원하는 것을 남도 원한다는 생각을 의식적으로 하면 할수록 사슬은 없어졌다. 가끔 내가 물질적으로 손해를 볼 때가 있었다. 그러나 내 정신은 더 없이 활기차졌고 사람들이 나를 대하는 태도도 조금씩 바뀌어갔다.

그래도 나는 다프네 앞에서는 이런 것들을 되도록 하지 않으려고 했다. 그녀 앞에서는 내 진짜 모습을 보이고 싶었고, 나는 그녀가 내 진짜 모습을 사랑하길 원했다. 언제 내가 이런 내 사정을 준영이에게 털어놨을 때 준영이는 나에게 딱 맞는 이야기가 하나 있다면서 나에게 한 남자의 이야기를 해주었다.

"한 남자가 있었는데 그 사람은 성격이 너무 포악해서 항상 인상을 쓰고 다녔고 사람들은 그의 얼굴만 봐도 도망치려 했어. 그런데 어느 날 그 남자에게 사랑하는 여인이 생기게 된 거야. 그는 그녀를 너무나 사랑했지만 그녀에게 다가갈 수조차 없었어. 왜냐하면 그녀의 영혼이 너무 순수하고 맑았거든. 하지만 이루어질 수 없다는 것을 알고도 남자는 그녀를 포기하지 않았어. 그는 착한 사람의 가면을 쓰고 다니기 시작했어. 자신의 추악한 본성을 가면 뒤에 숨긴 채로 말이야. 그리고 마침내 그녀와 함께하는 데 성공하게 되고 그는 그녀의 본성을 닮기 위해 노력했어. 말투나 남을 배려하는 행동 같은 것들 말이야. 이제 그녀도 그 남자의 가면을 사랑하게 되었고 남자는 행복했지. 가끔 자신을 숨기고 있다는 죄책감에 힘들 때도 있었지만 그보다 그녀를 향한 사랑이 더 강렬했던 거야. 그런데 어느 날 그 남자의 옛 친구가 그들 앞에 나타났어. 그 친구 또한 추악한 본성을 가지고 있어서 그 남자가 진실을 속이고 잘되는 꼴을 못 보는 거야. 그래서 그녀가 보는 앞에서 남자의 가면을 벗기지……."

갑자기 준영이가 말을 멈추었다.

"어떻게 되었을 거 같아?"

"몰라, 빨리 결말이나 말해."

"남자는 이미 자신이 썼던 가면과 같은 사람이 되어 있었어. 무슨 말인지 알겠어? 본성도 네 의지대로 노력하게 되면 충분히 원하는 만큼 바뀔 수 있어. 즉 다른 사람이 될 수 있단 말이야. 그러니까 지금 네가 잘하고 있는 거야."

"……."

"그래, 나는 네 이런 면이 자랑스럽단 말이야."

그렇게 준영이는 가버렸다.

사실 오늘 다프네를 만났었다. 복도에서 서로 지나가려는데 그만 눈이 마주쳤다. 나는 그 짧은 시간에 너무나 많은 것을 떠올렸다. 꿈속에서 맡았던 다프네의 그 신선한 향기로움을 떠올리게 되었고 왠지 모를 그리움을 느꼈다. 다시 그녀의 무릎에 누워 보고 싶은 충동을 느꼈으나 그러지 못하는 아픔도 함께 느꼈다. 그리고 그 감정들은 어이없는 용기로 이어졌고 나는 먼저 그녀에게 인사를 하고 말았다. 그녀는 부끄러운 듯 웃으며 고개를 떨구었고 나는 그만 심장이 터져버리는 줄만 알았다.

'이렇게 사랑스러울 수가!!!'

얼마 전 국어시간에 주변의 환경으로 화자의 심리를 나타낼 수 있다는 것을 배웠다. 그것이 지금 나에게 어찌나 잘 적용되는지……. 맑은 하늘과 덥지만 포근한 바람, 그리고 그 누가 뭐라고 해도 언제나 제자리를 지키며 모든 사물을 향해 밝게 타오르는 태양이 있었다. 혹시 저 밝은 태양이 나를 위해 만들어졌다는 생각을 해본 적이 있는가? 태양이 있음으로 내가 있는 것이 아니라 내가 있음으로 태양이 있다고 말이다. 과연 어느 것이 옳은 것일까? 인간이 있음으로 세상이 있는 것일까, 세상이 있음으로 인간이 있는 것일까? 내가 진리를 의식할 수 있는 것은 신의 축복일까, 아니면 단순한 자연현상일까…….

이런 질문들은 결국 '사랑은 진리로서 자체적으로 존재하는 것인가, 아니면 그저 거듭된 진화로 생성된 호르몬의 화학적 작용인가?' 라는 물음을 가지게끔 한다. 사람들은 인간중심의 사고방식이 사회문제를 일으키고 자연을 파괴하는 주범이라고들 한다. 하지만 내 생각은 다르다. 우리의 육체를 자연의 일부로 받아들이는 것은 옳으나 우리의 영혼을 동물로 여기게 되면 말 그대로 우리는 동물이 되는 것이다.

우리는 인간이라는 존재로서 세상의 주인이 되어야 한다. 왜냐하면 인간에게는 이 세상의 모든 것을 사랑할 수 있는 능력이 있기 때문이다. 우리는 먹이사슬의 가장 상위층 존재가 될 수도 있고 먹이사슬을 거부할 수 있는 능력도 있다. 즉, 세상을 이끄는 지도자가 될 수 있는 존재는 먹이사슬 전체의 생물을 사랑함으로써 그 균형을 유지하는 생명체가 되어야 한다. 그리고 그 가능성을 지닌 생물은 인간밖에 없으며 그 어느 다른 동물도 그렇게 못할 것이다.

날씨가 좀 맑다고 이런 생각까지 하는 나도 참 이상한 녀석이다. 하지만 확실한 것은 나란 녀석은 인간인 것을 너무 행복해한다는 것이다. 저 밝은 태양 아래에서 밀짚모자를 쓴 채 새로운 생명체를 경작하는 농부의 모습을 떠올려 보라. 생명체의 소중함과 인간의 존엄성이 느껴지지 않는가?

자정이 넘었다. 이제 나도 잠이 들 시간이다. 나는 오늘밤 그곳으로 가게 될 것을 확실하게 느꼈다. 이제 나는 나 자신을 사랑했고 다른 사람을 사랑했다. 짧은 시간이라 완전하진 못했지만 이제 내 가슴속에 타오르는 그 열정도 어느 정도 모양을 잡았다. 이제 나는 더욱 성숙한 그 불꽃을 안고 전에 끝내지 못한 숙제를 풀기 위해 그곳을 향한다. 꿈을 잃은 도시, 소망이 없는 그 도시를 향해 말이다.

눈을 뜬다. 어김없이 꿈에서 깨어나는 듯한 느낌이 든다. 꿈속으로 온 것이다. 나는 낯익은 동굴 길을 따라 나 자신이 있는 곳을 향했다. 그리고 내가 지금 발견한 이것은 조금 나를 놀라게 했다. 전엔 형체도 알아볼 수 없었던 내 부품이 이젠 제법 견고한 시계의 티를 내고 있었고, 어느 부분은 태엽을 따라 움직이고 있었다. 자랑스럽다. 이제 나도 노인과 같은 길을 걷고 있다는 생각이 들었다.

탁자 위에 쪽지와 함께 지금까지 봤던 것 중에서 가장 조밀하고 반짝거리는 은 톱니가 놓여 있었다. 쪽지에는 '주의, 조심할 것'이라는 글이 적혀 있었다. 아마 노인이 했으리라. 내 입가에 살며시 웃음이 번졌다.

'그게 그렇게 힘든 일인지 몰라도 난 이제 아무것도 두렵지 않아요!'

나는 톱니를 집어 들었고 이내 동굴을 벗어났다.

쿵.

옷 끝자락에 불이 붙은 걸 재빨리 껐다. 아마 노인이 만들어놓은 모닥불에서 튀어나온 모양이다.

여전히 춥고 음습한 곳이었다. 그러고 보니 전에 교실에서 이와 비슷한 현상이 일어나는 것을 본 적이 있었다. 사방이 점점 낡아지고 추워지는 것 말이다. 물론 다프네나 준영이만 있으면 금방 사라져 버렸지만…….

그때 이상한 바람이 불었다. 날카롭고 아주 재빠르게 지나가는 바람이었다. 순간 온도가 내려가자 나는 모닥불이 꺼진 것을 눈치챘다. 멀리서부터 이상한 소리가 들려온다. 마치 수천 마리 박쥐 떼의 울음소리 같다. 그리고 나는 실제로 수천 마리가 되는 비행 생명체가 나를 향해 날아오는 것을 보았다. 녀석들이 나를 스쳐지나가자 나는 넘어졌다. 그리고 그 날아다니는 것들은 한곳으로 모이면서 압축되었다. 마지막 한 마리가 합쳐지자 어떤 생명체가 서서히 움직여 일어나기 시작했다. 악마였다. 아파트 이층 정도 되는 키에 온몸은 회색을 띠고 있었다. 마치 이 도시처럼 말이다. 하지만 두 눈에서는 광기가 스치고 있었다. 그가 일그러진 얼굴로 나를 쳐다보더니 말했다.

"그리스 신전의 녀석들을 내쫓은 게 네 녀석이냐?"

"내 생각엔 그놈들이 자발적으로 도망친 것 같은데?"

갑자기 악마가 성큼성큼 다가왔다. 그리고 그 살기로 번뜩이는 얼굴을 가까이 들이댔다.

"꽤 자신만만하군. 하지만 네가 진짜 진리에 대해서 알게 되면 과연 그때도 그렇게 말할 용기가 있을까?"

이 녀석도 나에 대해 알고 있는 것이 분명했다.

"네가 진리를 깨닫든 득도를 하든 절대 피할 수 없는 것이 있다. 부처도, 공자도 이 세상 모든 사람들, 심지어 자신이 신의 아들이라는 예수도 죽음만은 피할 수 없었다. 너도 언젠간 죽게 되겠지. 네가 진리를 알고 부질없이 남을 사랑하며 살아가면 뭐 하냐? 정작 죽으면 모든 것이 사라질 텐데. 그러니까 죽음 외에는 그 무엇도 인간이 사는 목적이 될 수 없다. 넌 이 변할 수 없는 운명을 받아들여야 한다."

"네 말로는 나라를 위해 목숨을 바치는 것이 부질없는 짓이라는 거냐?"

"모두 인간이 자신의 삶을 정당화시키기 위해 만든 것일 뿐이다."

녀석의 말 때문에 잠시 혼란스러웠다. 그때 악마는 이 기회를 놓치지 않고 가엾다는 듯 나에게 말했다.

"불쌍한 피조물 같으니……. 하지만 우리와 같은 존재들은 싫든 좋든 영원한 삶을 살 수 있지. 넌 그런 우리를 우러러볼 필요가 있다."

녀석이 더욱 다가오며 말했다.

"나는 너를 나와 같은 존재로 만들어 줄 수 있다."

"웃기지 마! 네놈 같은 녀석 때문에 회의론자들이 나타나는 거 아냐! 어서 여기서 사라져 버려!"

죽음을 이길 수 있다는 말이 내 가슴에 비수처럼 내리꽂혔다. 유혹을 감당하기가 너무 어려웠다. 이젠 아예 나에게 화가 난 것처럼 녀석이 고함쳤다.

"헛된 꿈일 뿐이야! 모든 것은 죽음 앞에서 헛될 뿐이란 말이다."

우리의 소망과 미래에 대한 희망을 무너뜨리는 것은 바로 죽음이다. 이 죽음으로 인해 생긴 회의적인 마음이 사람들의 마음에서 불을 빼앗은 것이다.

"더 이상 못 참아!!"

나는 점점 다가오는 녀석을 뿌리치려 했다. 그러나 소용없었다.

"뭘? 네가 준영이보다 나약하다는 사실을? 아님 그 여자가 너를 사랑하지 않는다는 사실을……?"

기분 나쁘게 웃어젖혔다. 더러운 놈.

"기회는 한 번뿐이다. 나는 죽음을 능가하는 권세가 있다. 아브라함이 너에게 가르쳐 주지 못한 그것을 나는 너에게 줄 수 있다."

녀석이 몸을 다시 일으키면서 말했다.

"나를 따르라."

여섯 번째 날, 잘못된 걸음

나는 꿈에서 깨어났다. 죽음을 이길 수 있는 능력을 거래한 대가로 악마에게 절대적인 복종을 맹세했다. 나는 악마를 신으로 받들기 시작한 것이다. 나의 마음속에는 악마가 살기 시작했고 나는 그 악마의 속삭임을 따랐다.

'쾌락은 인간의 절대적인 본능이자 권리이다. 너 자신의 본능을 잘 알고 싶다면 그 본능에 충실하라.'

점심시간이 되었다. 나는 산책을 하기 위해 교실을 나섰다. 그때 전에 다프네와 이야기하던 녀석이 걸어오고 있었다. 순간 전날 나를 무력하게 만들었던 그 남자를 증오했다. 마음속의 악마가 다시 속삭였다.

'본능을 따라라!'

순간 나의 몸이 극도로 흥분되었다.

"야, 이 새끼!"

나도 모르게 몸이 나갔다. 순식간이었다. 한편으론 걱정이 되었으나 개의치 않았다. 그저 본능에 충실하려 했다. 살기가 나의 온몸을 덮었다. 정신을 차리고 보니 상대방은 이미 몸을 가누기 힘든 상태가 되어 있었다. 주위를 둘러싼 다른 학생들의 걱정과 경멸에 찬 눈빛을 한 몸에 받았다.

'그래, 될 대로 되라지!'

이 모든 것이 나에게는 그리 낯선 것들이 아니었다. 과거에 이미 이런 시절이 있었다.

나는 마지막으로 얼굴을 한번 후려치며 승리를 확신했다. 그리고 서서히 몸을 일으키자 사람들이 물러섰다. 그때 누군가 사람들 사이를 헤치고 달려왔다. 다프네였다. 그녀가 쓰러진 남자의 이름을 부르며 몸을 일으켜 주었다. 다행히 남자는 조금씩 일어났다. 다프네가 나를 쳐다보았다. 아마 이 순간은 내가 태어나서 가장 맞이하기 싫은 상황일 것이다. 다프네가 뺨을 적시며 그 슬픈 표정으로 나에게 말했다.

"그때……그때 네 모습은 어디로 간 거야……?"

비가 억수같이 쏟아졌다. 나는 학교를 뛰쳐나왔다. 그리고 미친 듯이 빗속을 뛰었다. 오늘은 내가 그토록 힘들게 쌓았던 그 모든 것이 한순간에 무너진 날이다. 나는 밑바닥을 향해 달리고 있었다. 내 본성의 끝자락을 향해 끝없이 땅에 발길질을 가했다. 정말 하나도 남지 않고 모두 무너졌! 이제 이 거짓같이 나를 속이는 인간의 본성이 싫었다. 지금 이 순간만큼은 노인도 악마도 아무것도 필요 없었다. 모두가 보기 싫다. 내 자신의 나약한 모습이 너무 보기 싫었지만 어느 누구에게도 도움을 요청할 수 없었다. 세상의 모든 사람들에게 버림받은 것 같다. 엄마는 이미 오래전부터 자기의 욕심과 자존심 때문에 나를 버리고 대신 성적이라는 녀석을 입양했다. 노인은 내가 악마와 있을 때 이미 도망가고 없었다. 그리고 다프네는……다프네는 날 영원히 용서하지 않을 것이다. 결국 죽음 앞에서는 아무도 나에게 신경 쓰지 않는 것이다. 진리는 결국 죽음이다.

　신이 존재할 수도 있다. 하지만 신은 결국 죽지 않고 인간은 죽는다. 그리고 한 인간이 죽은 인간을 살린다는 것은 여태 입증된 바가 없었다. 세상에 구세주는 없는 것이다. 고로 나는 이 지긋지긋한 신의 놀음을 탈피하기 위해 죽음을 택할 것이다. 나는 스스로 목숨을 끊어 신에게 반항할 수 있는 용기가 인간이 가질 수 있는 가장 신다운 감정이 아닌가 생각했다…….

　우리 집은 아파트의 제일 아래층이어서 옥상에 올라갈 일이 없었지만 오늘 처음으로 끝 층을 향해 엘리베이터를 타봤다. 딱히 죽고 싶어서가 아니었다. 그냥 오늘따라 올라가 보고 싶었다. 사람들이 죽을 때 어떤 광경을 눈앞에 두고 죽는지 궁금하기도 했다.

　옥상 문을 열자 하늘만이 펼쳐져 있었다. 물론 구름으로 꽉 막혀 있었지만 말이다. 나는 비를 뚫고 앞을 향해 나아갔다. 끝없는 먹구름과 물방울들이 빛을 가렸다. 이제 더 이상 이 비는 생명의 비가 아니었다. 춥고 고달픈 비였다. 나는 몸을 한 번 파르르 떨고는 모서리 쪽을 향했다. 번개가 번쩍거렸다. 그리고 천둥이 야수의 울부짖음처럼 울려 퍼졌다.

　인간은 죽음을 극복할 수 없는 나약한 존재이다. 문명을 발전시키며 마치 자신이 신인 양 의기양양해했지만 결국 시간이 지나면 이 세상에서 흔적도 없이 사라지는 것이 인간이다. 나는 진리를 믿는다. 하지만 영생까지는 믿을 수가 없다. 나는 여태 죽었다가 다시 살아난 사람을 한 번도 본 적이 없다. 옛 사람들이 꾸며낸 이야기 속엔 당연한 듯 존재했지만 말이다. 예수님의 사랑은 믿을 수 있지만 그의 부활은 믿을 수 없다.

　결국 모든 것은 제자리로 돌아왔다. 나는 지금 죽음이라는 난관에 부딪혔다. 옛날에 매미에 대해 생각했던 것이 떠오른다. 다 헛짓이었다. 나의 끓어오르던 진리를 향한 갈망은 이 빗물에 식어 사라져 버렸다. 아무것도 죽음에서 날 구원할 수 없다.

　그때 마음속에서 악마가 말했다.

　"나를 믿고 의지하라, 형제여. 나는 인간인 예수가 주지 못했던 영생을 가지고 있다! 거기서 뛰어내려 나에게 내려오라. 너를 나와 같이 만들어 주겠다."

　그래, 그것이 죽음을 피해 영생을 얻는 유일한 길이라면 어떤 것이든 따를 것이다. 나는 나를 구원해 줄 근본 되는 진리를 찾기 위해 허공에 내 몸을 맡겼다. 나는 그렇게 하늘에서 내리는 비와 함께 지하를 향해 돌진했다.

　'당신이 사랑의 하나님이라면 그 사랑으로 당신 피조물을 살려 보세요!!'

게슴츠레 눈을 뜬다. 황금빛 하늘밖에 보이지 않는다. 일어나 사방을 둘러본다. 놀라운 장관이 펼쳐져 있다. 나는 어느 탑 꼭대기의 평평한 곳에 홀로 서 있었고 탑 주위에는 거대한 신상들이 세워져 있었다. 신상들의 끝이 보이질 않는다. 믿을 수가 없다. 저 멀리 지평선에 금빛으로 타오르는 해가 걸쳐져 있다. 이곳은 사막이었다. 정신이 혼미해진다. 도대체 여긴 어디며 어떻게 여기에 오게 되었는가……?

온몸이 사슬로 묶여 있다. 사방이 붉은 돌로 마치 성처럼 둘러 있다. 부르짖으며 절규하는 인간과 천사들의 동상들이 여기저기 늘어져 있다. 천장은 어두워서 잘 보이지 않을 정도로 높았다. 그리고 내 정면에 한 보좌가 있었는데 등받이가 천장에 맞붙어 있었다. 그리고 그 보좌에 녹색 피부를 가진 한 인간이 앉아 있었다. 아니, 어쩌면 인간이 아니다. 옆에 시중을 드는 검은 피부를 가진 사내가 있었다. 하지만 그의 귀와 얼굴은 검고 길쭉한 것이 마치 사냥개를 연상케 했다.

'오시리스와 아누비스인가?'

그때 초록 피부의 사내가 말했다.

"아누비스, 저 아이는?"

그의 목소리는 나에게 압도적인 힘의 차이를 느끼게 했다.

"소문의 아이가 맞습니다."

낮게 깔린 목소리로 아누비스가 말했다.

"아누비스, 이 아이는 특별하다. 만약 이 아이만 아브라함에게서 떼어놓는다면 우리는 바알의 오른팔과 왼팔이 되는 것이다."

오시리스의 말에 아누비스가 고개를 살짝 숙였다.

'죽은 건가……?'

그때 오시리스가 보좌에서 일어나 다가왔다.

"영생을 원하는 소년이여, 나는 그대를 신으로 만들어 줄 수 있다. 그리고 영원히 우리와 함께 영광을 누리는 것이다."

한 발짝씩 다가올 때마다 머리가 짓눌리는 듯했다.

"조건은 그리 까다로운 것이 아니다. 나에게 충성해라. 이것이 너를 신으로 만들어 주는 대가이다."

"소년, 결정을 내려라."

나는 내가 선택한 길을 끝까지 가보기로 했다.

"네."

오시리스의 입가에 미소가 번졌다.

"내가 너에게 무엇이든지 할 수 있는 능력을 주겠다."

갑자기 오시리스의 손끝에서 빛줄기 같은 것이 나와 내 몸속에 들어왔다. 나는 사슬이 더 세차게 감기면서 불씨를 볼 수 없을 정도가 되는 것을 느꼈다.

"너는 이제부터 신이 되었다."

아누비스는 나를 신들이 사는 곳으로 안내했다. 그리고 그곳에서 커다란 문을 열어 한 방을 보여 주고선 거기서 살라고 했다. 방이 아니라 신전에 가까웠지만……. 아무 생각 없이 공허한 마음으로 이리저리 돌아다니고 있을 때 뒤에서 어떤 소리가 들렸다.

"내가 말했지? 우리의 인연은 끝나지 않았다고……."

녀석이다. 광야에서 나를 괴롭혔던 녀석. 비열하게 웃으며 나에게 말을 걸었다.

"그나저나 이런 곳에서 만나게 될 줄이야……. 너도 어지간히 약한 녀석이구나. 흐흐……."

"무슨 소릴 하는 거지?"

"난 여기 이집트 녀석들이랑 달라서 너를 잘 알지. 내 예상이 틀리지 않다면 넌 여기서 빠져나갈 거다. 너한테 심겨진 불씨는 다른 사람들이랑은 조금 다르거든. 녀석들이 그런 너를 노렸는지는 모르겠지만 만약 그렇다면 그놈들이 실수한 거야. 그 영감탱이 은근히 실패를 모르거든. 크크……."

'아브라함을 말하는 건가?'

머릿속이 혼란스러웠다.

"그런데 너 여기서 나가면 그 영감 얼굴은 어떻게 보려고?"

짜증나는 녀석. 더 이상 같이 있고 싶지 않다.

"내가 알 바 아니다."

나는 그 방을 나왔다.

"넌 내가 아는 놈들 중에 제일 재미있는 녀석이야……."

녀석이 뭐라 지껄였지만 나는 아랑곳하지 않았다. 나는 내가 죽음을 벗어난 신이 된 것을 마음껏 누리기 위해 외출을 하기로 했다.

기다란 복도를 지나가는데 음녀들이 나에게 손짓을 했다. 이것이 좋지 못한 일임을 잘 알았지만 솔직히 즐거웠다. 내가 뭔가를 선택할 수 있는 자유를 가졌다고 할까? 아마 명예와 육체의 즐거움과 영생을 다 누릴 수 있는 내 자신의 위치 때문일 것이다.

신전을 빠져나왔다. 수많은 사람들이 사슬에 묶인 채 노예생활을 하고 있다. 그들은 불평하지 않았다. 오히려 자신에게 채찍질을 가하는 존재들을 찬양했다. 그들은 꿈을 잃었다. 그들은 마치 불 없는 기관차처럼 녹슬어 가고 있었다.

나는 내가 지금 양심의 가책을 느끼고 있는지 모르겠다. 나에게 양심이 존재하는지도 잊어버렸다.

눈을 뜬다. 사방엔 아름다우면서 웅장한 장식들로 가득 차 있다. 창살 사이로 이집트의 태양이 들어왔다. 혹시 이런 아침을 맞이해 봤는지 모르겠다. 예를 들면 소풍을 가거나 수학여행을 가는 날 아침 맑은 햇살과 함께 일어날 때의 희열……

지금 나는 신으로서의 하루를 맞이했다. 애써 노인을 떠난 것에 대한 죄책감을 느껴 보려고 했지만 그럴 수 없었다. 나는 이런 녀석인 것이다. 이것이 특권을 가졌을 때 나타나는 이기적인 나의 본성이다.

수천, 아니 수만 명의 사람들이 새로운 신상을 만들기 위해 피땀을 흘리고 있었다. 어떤 백발의 노인이 쓰러지는 것을 봤지만 나는 애써 잊으려고 했다. 나의 연약한 감정이 나를 그들과 같게 만들까 봐 두려웠다. 세상은 아무리 노력해도 불공평한 것이다. 내가 아무리 진리를 추구하려 해도 내 수명이 느는 것도 아니다. 사랑이 만드는 기적도 나를 죽음에서 건질 수는 없을 것이다.

갑자기 침대에서 또 다른 인기척이 났다. 당황한 나는 황급히 몸

을 돌렸다. 한 여자가 내 이불 속에서 기지개를 켜며 나오지 않는가? 몸이 다 비치는 옷을 입은 그 여자는 나를 보면서 웃음을 지었다. 갑자기 다프네가 생각이 났다. 그녀도 나와 눈이 마주칠 때면 웃어주곤 했다. 이 여자의 웃음은 그녀의 것과 달랐다. 나는 다프네가 그리웠다. 하지만 전에 겪었던 내 마음속의 상처는 아물지 않았다. 나는 알 수 없는 분노에 방을 뛰쳐나갔다.

신상이 만들어지는 곳을 찾아가 봤다. 사람들은 석회암과 화강암을 실어 나르느라 이리저리 뛰어다녔다. 커다란 바위를 옮기기 위해 채찍을 맞으며 피땀을 흘리는 사람들도 많았다. 노예들은 진흙을 밟기도 하고 또 그곳에 볏짚을 나르기도 했다. 신기한 것은 이 수많은 노예들이 언제 어디서 왔는가를 전혀 모른다는 것이다. 어쨌든 상관없는 일이었다.

그때 아누비스가 검은 마차를 타고 다가왔다. 무서웠다. 마차를 이끄는 두 말은 보통 내가 아는 말의 두 배 정도로 컸고 두 눈은 붉게 빛나고 있었다.

"타라."

나는 그의 말을 따랐다. 마차는 노예들의 일터를 가로질러 어디론가로 향했다. 그리고 마침내 병사들이 망을 보고 있는 곳에 도착했다. 우리가 일정한 위치에 도달하자 마차는 순식간에 사라져 아누비스의 몸으로 흡수되었다. 마치 그림자를 연상시켰다. 아누비스가 신호를 보내자 병사들이 일제히 물러섰다.

갑자기 땅이 꺼지기 시작했다. 알고 보니 지하로 들어가는 것이었다. 모래가 흘러드는 가운데 우리는 계속해서 땅속으로 들어갔고 마침내 거대한 동굴이 나타났다. 위를 바라보니 우물 같은 구조로 된 긴 통로가 사막 층으로부터 입구를 보호하고 있는 형식이었다. 그 통로의 끝은 동굴이었다. 벽에 걸린 수많은 횃불 때문에 썩 어둡지만은 않았다.

아누비스의 말로는 이곳은 단순히 돌을 캐는 곳이 아니라 신들에게 제물로 바쳐질 보석을 캐는 곳이라고 했다. 그는 나에게 이곳의 감독을 맡기겠다며 혼자서 유유히 지상으로 올라갔다.

그런데 이곳엔 노예들만 있는 것이 아니었다. 터널 가운데를 돌아다니며 시뻘겋게 달아오른 채찍을 휘둘러대는 자가 있어 가까이 가보았다. 처음엔 가면을 쓴 줄 알았으나 그는 해골이었다. 해골은 해골이지만 전신이 용암으로 이루어진 사신이었다. 그는 흘러내리는 두건을 쓴 채 나에게 정중히 인사를 했다. 그리고는 다시 노예들의 몸에 채찍을 휘둘러 화상을 입혔다. 이 녀석 덕분에 나는 지옥이 어떻게 생긴 곳인지 대충 짐작할 수 있었다.

터널은 아직 끝이 보이지 않았다. 노예들은 고통으로 신음했고 해골들은 그런 노예들이 아무 잘못을 하지 않았는데도 채찍질을 가했다. 나는 참다못해 노예들이 잘못을 하거든 때리라고 명령했다. 해골들은 말없이 그 명령을 따랐다. 개중에 나를 이상한 눈으로 쳐다보는 노예들이 있었지만 나는 아랑곳하지 않았다. 그래야만 나의 인간으로서의 나약함을 숨길 수 있었기 때문이다.

마침내 터널의 끝에 도착했다. 다행인지 몰라도 거기엔 해골 녀석들이 없었다. 그런데 멀리 한 구석에 노예들이 모여 있었다. 나는 무슨 일인지 보기 위해 내 모습을 노예처럼 바꿨다. 사람들이 흩어지자 나는 앉아서 쉬고 있는 한 중년의 사내에게 다가갔다. 보아하니 배급받은 빵을 모두에게 나누어 준 모양이었다.

"좋은 일을 하시는군요."

그는 멋쩍게 웃었다.

그렇게 나는 며칠에 걸쳐 동굴의 끝까지 산책을 하고 이곳저곳을 돌아다니며 시간을 보냈다. 신들을 찬양하는 축제가 매일같이 열리고, 심지어 신의 성향에 따라 몸을 자해하며 제사를 드리는 모습까지 볼 수 있었다. 가끔씩 악마와 마주치면 조롱을 당하기도 했다. 나보고 나약한 녀석이라나 뭐라나……

석상 꼭대기에서 끝없이 펼쳐진 사막을 바라보며 나는 명상에 잠겼다. 그때 녀석이 나에게 다가왔다.

"널 보면 인간이 참 나약하다는 생각이 들어. 얼마 전까지만 해도 진리니, 내가 사는 이유니, 천생연분이니 하면서 오두방정을 떨더니 한낱 죽음 앞에 이렇게 쉽게 본색을 드러내다니."

"……."

평소 같았으면 반박을 했겠지만 가슴이 찔리는 것도 사실이기에 나는 참을 수밖에 없었다.

"죽음이 그렇게 무섭든?"

"……."

"하기야 '무' 로 돌아간다고 생각하니 끔찍하겠군……. 아무것도 모르는 너로서는 현명한 판단이야, 크크. 네가 죽는다고 해서 아무도 신경 써주지 않는데 같이 살아봐야 뭐 하겠어? 그 다프네라는 여자도 죽으면 별수 있겠어? 하긴 어차피 네 능력이 딸려서 못 가진 거니까."

녀석을 노려보자 더 비아냥거리기 시작했다. 전에 녀석이 그랬던 것처럼 몇십 분을 떠들어댔다. 하지만 내 머릿 속에 맴도는 생각은 오직 하나였다.

'과연 내가 옳은 선택을 했는가?'

그러던 어느 날 음식을 나눠 주는 아저씨와 대화를 하게 되었다. 그는 벽에 그어진 무수한 선들을 나에게 보여주며 말했다 아마도 날짜를 센 듯했다.

"나에겐 딸이 있다네……."

그리고 벽면을 쓰다듬으며 회상하듯 속삭였다.

"며칠 후면 그 아이도 일곱 살이 되지……."

나는 생각했다.

'이 사람도 부질없는 희망이나 붙들고 살아가는 노예겠지.'

노인이 가르쳐 주려고 했던 소망은 전부 인간의 나약한 본성이 만들어낸 환상일 뿐이다. 죽음이라는 결말을 부인하기 위해 종교를 만들었듯이…….

"아저씬 딸을 다시 보실 수 있다고 생각하십니까?"

아저씨가 돌아보며 말했다.

"자넨 어떻게 생각하는가?"

"아저씨가 있는 곳이 어디인지 잊으셨습니까? 이곳은 사악한 신들의 세계입니다. 당신이 볏짚을 나르다가 짚 한 가닥이라도 떨어뜨리면 몸에서 살점이 뜯겨지는 곳입니다."

흥분한 내 목소리는 높아져 있었고 그는 아무 말 없이 듣고만 있었다.

"그래도 아저씨에게 소망이 남아 있단 말입니까?"

아저씨가 웃으면서 말했다.

"젊은이, 자네가 잘못 알고 있는 것이 있네. 물론 소망은 결과를 바라는 마음이긴 하지만 소망은 가능성이 이루어지길 바라는 것이 아니라 가능성을 만드는 것이라네. 가능성이 아무리 높아도 소망이 없으면 아무 일도 일어나지 않듯이 가능성이 없어도 내가 무언가를 소망할 때 무슨 일이든 반드시 일어나게 되어 있다네. 나는 소망을 나 자신의 감정을 일시적으로 변화시키는 수단이라고 생각하지 않네. 이 세상이 무한의 확률을 뚫고 무에서 유로 창조된 이상 모든 일엔 가능성이 존재한다는 것이라네."

"……"

나는 말을 잇지 못했다. 그의 말이 옳았다. 하지만 그렇게 되면 나는 엄청난 죄를 지은 것이지 않은가?

"그러면 아저씨께서는 제가 소망을 가짐으로 인해서 죽음을 극복할 수 있다고 생각하십니까?"

"결과는 알 수 없네. 다만 그 소망을 가진다면 결과를 향해 한 발짝 나아갈 수 있겠지. 그것만으로도 가치 있는 일이 아닌가?"

"……"

"그래서 나에겐 꿈이 있다네. 성한 몸으로 딸을 안아보는 거지. 일곱 번째 생일을 축하해 주면서 말이야……. 젊은이, 자네가 싫다면 인정하지 않아도 되지만 나에게 그 가능성이 존재한다는 것만으로도 살아 있을 만한 이유가 된다네."

"……"

정적이 흘렀다. 마치 내가 다프네에게 말한 것을 다프네가 수용하고 있었을 때처럼…….

그때 아누비스가 나타났다. 아니, 두 명인 것을 보니 아누비스의 분신들이다. 나는 재빨리 모습을 바꿨다. 아저씨는 조금 놀라는 눈치였지만 나는 그것을 신경 쓸 상황이 아니라는 것을 잘 알았다.

"영생을 얻었는데도 뭔가 미련이 남는 건가?"

한 분신이 무거운 목소리로 얘기했다. 나는 재빨리 머리를 굴려야 했다.

"노예들이 나에게 얼마나 복종하고 있는지 알고 싶었다."

과연 이게 먹힐까? 뛰려는 심장을 애써 진정시켰다. 다른 분신이 창으로 아저씨를 찔렀다. 그가 괴성을 질렀다. 나는 애써 태연해 보이려 했고 내 앞의 아누비스는 미동도 않고 나를 응시했다.

"하나만 묻지……."

내 옆으로 다가왔다.

"여기 온 건 단순히 그들의 충성심을 확인하기 위해선가, 아니면 옛날 네 녀석이 느끼던 그 인간의 감정이 그리워서인가?"

식은땀이 등을 타고 흘러내렸다.

"지금 날 의심하는 건가?"

"그렇다."

녀석은 생각보다 단도직입적이었다.

"난 아무것도 그리울 것이 없다."

분신은 아무 말 없이 한동안 서 있었다. 나는 애써 태연해 보이려고 온갖 용을 썼다.

분신들이 사라졌다. 그들의 표정을 보니 확신이 서질 않는다. 나를 끝까지 의심하는 건지 더 이상 신경 쓰지 않는 건지…….

그때 옆에서 아저씨가 선혈을 토해내고 있었다.

"아저씨……."

그가 무리해서 입가에 웃음을 지어 보였다.

"자넬 보니 내 꿈도 머지않았구먼."

"아저씨, 이대로 괜찮으시겠습니까? 이대로 가면 죽을 수도 있습니다."

"사실 얼마 전부터 노예들이 이 사실을 말하는 것이 금지되어서 입 밖에 꺼낼 수는 없네만 혹시 다음에 저 타락한 신들 곁을 빠져나가게 된다면 사막을 가로질러 해가 지는 쪽을 향해 보게. 그곳에 우릴 해방시킬 수 있는 힘이 있다네……. 말해 줄 수 있는 게 이것뿐이라 미안하네."

"그러니까 아저씬 괜찮으신 거죠?"

그는 고개만 끄덕일 뿐 아무 말이 없었다. 그가 아무 말도 없었지만 어느 정도 짐작할 수 있었다. 신들이 나를 이곳에 잡아두기 위해 사기극을 벌이고 있다는 것을 말이다. 그 순간 나는 결심했다. 죽음이 아닌 영원한 고통에 빠지는 일이 있더라도 그곳을 향하겠다고 말이다. 나는 걸치고 있던 망토를 벗어 전신의 상처가 노출된 검붉은 그의 몸을 덮었다.

"자네, 이건……."

"몸조심하세요……."

나는 돌아서서 당당히 걸어갔다.

신전에 돌아와 침대 위에 앉아서 하염없이 시간을 보낸다. 낯설다. 항상 그렇듯 그리움도 함께 나타났다. 집에서 잠이 들기 전의 내 모습을 생각했다. 불이 꺼진 컴컴한 방 속에서 어쩜 나는 그렇게도 밝게 보았던가. 눈을 감으면 다른 세계에 가서 양들을 어루만지며 뛰놀 것 같은 그 느낌. 그리고 항상 그곳엔 미소 짓는 노인이 있었다.

'아브라함…….'

뒤늦게 잘못을 깨달은 나를 그가 받아줄까? 그립다. 그리고 한편으로는 영원히 용서받지 못할까 봐 두렵다.

여느 때와 같이 시중드는 사람이 들어왔다.

'이번에도 어린애인가…….'

그때 번뜩 아저씨 생각이 났다.
"얘!"
그애가 고개를 들었다.
"너희 아버지가 혹시 여기 계시니?"
기대가 되었다. 이 아이가 그 아저씨의 딸이라면 운명이, 아니 진리가 나에게 한 번 더 기회를 준다는 표식일 수도 있지 않은가? 아이가 고개를 끄덕였다.
'역시! 아저씨, 아이는 잘 크고 있습니다.'
아이는 아무것도 모른 채 멀뚱거리고만 있었다. 검고 부드러운 피부가 아저씨를 연상시켰다.
"얘, 너 아빠 많이 보고 싶지 않니?"
아이는 고개를 끄덕였다. 그 모습을 보자 나는 그만 눈물을 글썽이고 말았다. 나도 어차피 아이에 불과했다. 지난날 내가 지은 수많은 죄들과 고민과 타락함으로 상처받은 나의 영혼이 아이를 끌어안고 눈물을 흘렸다. 나는 아이가 겁을 먹을 수도 있다는 생각이 들어 얼른 웃으며 말했다.
"너네 아빠 참 건강하시더라."
아이는 조금 놀란 표정을 짓고는 말이 없었다. 나는 이 아이의 순수함을 통해 완전히 눈을 뜰 수 있었다. 나 자신의 연약함과 거짓 신들의 추악함을 똑바로 볼 수 있게 되었다. 그리고 오랫동안 보지 못했던 사슬 속의 불씨를 보게 되었다.
"얘, 내가 꼭 아빠 만나게 해줄 테니까 오늘 있었던 일은 아무한테도 말하지 마, 알겠지?"
아이는 고개를 끄덕였다.

'도대체 얼마나 많은 이들이 더 고통받고 있을까……'

태양의 신 라가 고개를 숙이고 이내 사방은 어두워졌다. 나는 다시 노예의 모습을 하고 길을 떠날 채비를 했다. 다행히 이곳의 신들은 오시리스와 아누비스를 제외하곤 모두 나처럼 인간의 혼이다. 덕분에 그들은 비만인데다 잠이 많은 사람들이었고, 밤이 된 이집트는 경비가 그렇게 삼엄하지 않았다. 보초들도 눈이 밝지 못했다. 나는 태양이 지는 쪽을 향했다. 신상들 사이로 보초를 이리저리 피하는 것은 그다지 어렵지 않았다.

그때 어두운 골목에서 무거운 신음소리가 들리는 것을 느꼈다. 분명 노예의 목소리다. 나는 그리로 달려갔다. 한 노예가 왼쪽 어깨와 머리에 피를 흘리며 등을 기대고 앉아 있었다. 신상을 세우다 높은 곳에서 떨어진 것이 분명했다. 게다가 어깨뼈는 부러져 있었다.

"제가 도와드릴 순 없을까요?"

말은 이렇게 했지만 이런 중상을 입은 사내를 무슨 수로 도운단 말인가? 그는 노예들에게 지급되는 천 쪼가리 하나로 이 추운 밤을 고통과 신음 속에서 보내고 있었다.

"우리의 몸은 괜찮다는 것을 알지 않은가? 됐으니 그만 가보게."

하는 수 없이 내가 입은 옷을 벗어 그를 덮어 주었다.

'하긴 겉옷을 뺏을 땐 속옷도 줘버리라고 했는데 뭐…….'

그때 나는 사람마다 어느 정도는 있어야 할 불이 이 사람에게는 조금도 없다는 것을 알았다. 생각해 보니 노예 모두가 그랬던 것 같다. 그제야 의심이 들기 시작했다. 어떠한 악마에게서도 느낄 수 없었던 강함이 오시리스와 아누비스에게서 느껴지는 이유…….

"밖에 있는 것이 얼마나 위험한지 잊었는가?"

"그럼 전 이만……."

"잠깐, 젊은이!"

그가 나를 불러 세웠다.

"자네 혹시 사람을 도와주는 신에 대해서 들어봤나?"

나는 고개를 가로저었다.

"자네가 그에 대해 좀 더 알았으면 했는데……. 어쨌든 요즘에 노예와 대화를 나누는 신이 한 명 생겼다고 하더군……. 그가 우리들의 유일한 희망이지 않은가? 헛된 것인 줄 아네만 나는 그를 믿네. 자네도 어쩌면 집에 갈 날이 머지않았으니 열심히 하게나……."

그게 나인가……. 한편으론 뿌듯하면서 한편으론 더욱 서둘러야겠다는 생각이 들었다.

"네."

그리고 서둘러 길을 떠났다.

얼마나 걸었을까. 등 뒤로 해가 뜨기 시작했다. 또 방금 전엔 오시리스의 포효를 들은 듯한 느낌이 들었다. 아마 나를 찾고 있겠지. 보나마나 아누비스의 분신들이 미친 듯이 마차를 이끌고 달려오고 있겠지…….

'저번에 광야를 걸을 땐 한 민족을 위해서였는데 이번엔 노예들을 위해서 걷고 있는 것인가…….'

이젠 사막을 가로지르는 것도 낯설지 않았다. 갑자기 다프네를 처음 만나던 날이 생각났다. 그 애에게 조목조목 뭔가를 설명하는 내 모습이 떠올랐다. 즐겁다. 나도 모르게 입가에 미소가 번졌다. 밤의 추위는 햇빛으로 가시고 있었다. 다프네에게 미안해졌다. 물기 어린 눈으로 날 쳐다봤을 때를 떠올리면 자꾸만 나 자신을 질책하게 되었다. 아무 말도 하지 못하고 자기를 피해야 했던 나 자신이 얼마나 초라하게 느껴지는지……. 어쨌든 서서히 바람이 일기 시작하는 것을 보니 곧 상당히 커질 듯했다.

'젠장, 눈 뜨기도 힘겨울 텐데…….'

그때 멀리 모래언덕 아래에 뭔가 보이기 시작했다. 넓은 모래벌판에 큰 구멍이 대여섯 개가 있고 그 안에는 무수한 사람들이 지하의 어딘가를 향해 가고 있었다. 멀리서부터 악마가 사람들을 잡아오면 간수들이 그 구덩이로 사람들을 처넣고 있었다. 사람들은 아직 불을 빼앗기지 않은 상태였다. 도대체 저기서 무슨 일이 일어나는 건지……. 아무래도 지하에서 인간의 눈을 피해 뭔가를 자행하고 있음이 틀림없었다. 그때 아누비스의 목소리가 들렸다.

"네가 기어코 신의 권리를 저버리는구나."

싸늘한 환청에 나는 본능적으로 뒤를 돌아봤다.

'오고 있는가!'

등골이 오싹했다. 서둘러야 했다. 나는 보초가 노예들을 보고 있는 성곽을 향해 달려갔다. 성벽을 기대고 서서 생각했다.

'어디로 들어가지?'

위에서 봤을 땐 분명 지하로 내려갈 수 있는 문은 성곽 위에 있었다. 전에 산을 탔던 솜씨를 발휘해 이번엔 제법 그럴싸하게 올라갔다. 보초 앞에선 신 행세를 좀 해보려 했지만 이미 나의 모든 신적인 능력은 사라져 있었다. 이제 믿을 수 있는 것은 나 자신의 본능뿐이었다. 결국 뛰어들었다.

"뭐야?"

"잡아라!"

이럴 줄 알았다. 내 본능은 아무래도 좀 멍청한 구석이 있는 것 같다. 별수 없이 지하로 뛰어들었다. 하지만 지하에도 창을 든 보초들이 다가오고 있었다. 돌을 던져도 짱짱한 장정 다섯은 무리다. 그런데 내 본능이 사전에 이걸 알았던 것일까? 모래바람이 세차게 분다. 덕분에 위를 향해 나 있던 입구의 문이 쾅하고 닫혔다. 사방은 암흑으로 덮였고 나는 몸을 숙인 채 있는 힘껏 기었다. 그리고 손에 닿는 모든 문은 다 걸어 잠갔다. 불을 켤 여건이 되지 못해 벽을 짚어서 지하로 내려가야 했다. 계단에서 한 번 굴렀다. 욱신거려도 별수 없었다. 내 본능은 아누비스가 가까웠으니 서두르라고 나에게 외치고 있었다. 하지만 이건 또 내 본능의 이상한 점인데, 아누비스가 당황해서 황급히 달려오고 있다고 하였다. 분명 내가 들은 환청은 그렇지 않았는데 말이다.

최대한 빨리 나아갔다. 얼마쯤 내려갔을까. 벽을 짚고 가던 도중 차가운 쇳덩이가 손에 만져졌다. 문이었다. 다행히 문은 열렸고, 그때 뒤에서 말소리와 함께 횃불이 다가오고 있는 것이 느껴졌다. 나는 재빨리 안으로 들어갔다. 놀랍게도 안은 아주 넓고 밝은 터널로 되어 있었다. 그리고 엄청난 인파가 한 방향을 향해 나아가고 있었다. 이들은 아직 불을 가지고 있었다. 나는 인파 속에 묻혀 들었다. 뒤에서 나를 쫓던 보초들이 시끄럽게 난동을 피웠지만 나는 모른 체했다. 내가 느끼기로는 지금 가는 방향은 분명 신들이 있는 곳이었다.

'무슨 일이……이들은 지금 노예가 되러 가는 것인가?'

터널이 끝나자 커다란 지하 광장이 나타났고 도복을 입고 이상한 지팡이를 든 해골들이 사방을 감싸고 있었다. 뒤에서 문이 닫혔다. 사람들이 당황해서 웅성거렸다. 네댓 명의 해골들이 팔을 들고는 주문을 외웠다. 나는 순간 움찔했다. 이들은 사람들의 불을 빼앗고 있는 것이었! 역시 예상이 맞았다.

'그렇다면 나도!'

일이 크게 잘못 되었음을 느꼈지만 이미 문은 굳게 닫혀 있었다. 사람들의 불이 일렁이더니 해골들의 지팡이를 향해 빨려들어갔다. 물론 나에게서도……. 불이 모두 거두어지자 그들은 사라졌다. 이젠 나도 끝인가 싶다. 나도 아무 힘없는 노예가 되지 않았는가? 그때 마음속에서 타닥거리는 소리가 났다. 나는 고개를 숙여 내 가슴을 바라보았다. 불씨에서 다시 불이 지펴졌다. 그제야 나는 이 길이 옳은 길임을 알고 마음을 놓았다.

하지만 평온함은 거기서 그쳐야만 했다. 지진이 일어난 것이다. 천장에서 모래가 떨어지기 시작했다. 아누비스다. 나는 재빨리 신전을 향하는 문으로 달렸다. 금방이라도 아누비스가 그림자로 만들어진 전차를 타고 나에게 창을 던질 것만 같았다. 나는 죽기 살기로 달렸다.

얼마쯤 지나서 두 갈래 길이 나타났다. 그 짧은 순간에 얼마나 많은 생각을 했는지……. 오른쪽 길은 수천만 노예들의 발걸음으로 많이 닳아 있었다. 하지만 왼쪽 길은 돌들이 거칠었다. 나는 본능을 따라 모험을 해보기로 했다. 이 순간에 모험 말고 다른 선택권이 있겠는가? 간만에 본능과 이성이 의견 일치를 본 듯하다……. 달리고 달렸다. 바닥의 돌들이 신발이 벗겨져 나간 내 발을 찔러댔지만 죽는 것보단 나았다. 사실 나는 이곳이 영의 세계이므로 내가 죽지 않는다는 것을 잘 알았지만 이 순간만큼은 그것이 정말 두려웠다. 뒤에서 뭔가 울리는 소리가 들렸다.

'벌써 쫓아왔나?'

나는 더욱 빠르게 달렸다. 그러자 만들어진 길은 사라지고 석회암 동굴이 나타났다. 가는 길이 썩 넓지 못했기에 아누비스도 꽤나 애를 먹고 있는 듯했다. 길의 끝을 생각할 겨를이 없었다. 그저 달릴 뿐이었다. 아누비스의 전차를 끄는 흑마들의 붉은 눈이 번쩍이는 것이 보였다. 이젠 끝이다 싶었다. 그 순간 뜨거운 기운과 함께 앞에 붉은 빛이 보였다. 그곳이 설령 지옥이더라도 나는 뛰어야 했다.

커다란 불이 사방에서 일렁이는 거대한 동굴 속에 좁고 긴 절벽이 펼쳐져 있었다. 절벽은 상당히 높았고 내가 그 끝에 다가서자 쫓아오던 아누비스가 전차를 세웠다. 나는 아누비스가 왜 불안해했는지 그 이유를 알 수 있었다. 이곳은 노예들에게서부터 걷은 불을 저장해 두는 곳이었다. 이 커다란 불이 나에게 들어온다면 나는 아누비스나 오시리스보다 더 강한 자가 될 것이다.

아누비스가 말했다.

"하나만 묻지……."

나는 당당하게 말했다.

"얼마든지."

"넌 어떻게 불을 잃지 않았지? 불도 약했고 사슬로 묶여 있었으면서……."

나는 대답했다.

"소망은 가능성에 의해 만들어지는 것이 아니라 소망이 가능성을 만드는 것이다!"

'꿈꾸는 자의 소망은 절대 사라지지 않으며, 소망을 가진 자에겐 무한한 가능성이 있다.'

이것이 내가 이곳에 온 목적이었다. 세상에 우연은 없다던 노인의 말이 떠올랐다. 이제 나는 하나의 거대한 필연을 일으킬 것이다. 나는 확신하고 있었다.

갑자기 아누비스의 가죽을 벗어던진 악마가 검은 날개를 펄럭이며 달려들었다.

"크아아!"

나는 재빨리 불 속에 몸을 던졌다. 따뜻했다. 나에게 무한의 가능성이 멈추지 않고 흘러들었다. 나는 사슬이 끊어져 나가는 것을 느낄 수 있었다. 갑자기 불씨가 가지를 뻗더니 내 혈관을 타고 온몸으로 퍼졌다. 불이 몸 전체를 감싸더니 점점 형체를 갖추었다. 갑옷이다! 신기한 나머지 탄성이 절로 나왔다. 눈앞에선 고통스럽게 타들어가는 악마가 있었다. 그 강한 아누비스도 이젠 아무것도 아니었다. 나는 준영이가 한때 일러주곤 했던 전신갑주를 입고 있었다.

'아하, 이게 그거구나!'

말씀의 검, 무슨 허리띠더라? 어쨌든 나는 잡혀 있는 노예들을 구출해야 했다. 일이 기가 막히게 풀려나가자 나는 용기를 얻었다. 그리고 있는 힘껏 두 날개를 펴서 두꺼운 사막 층을 뚫고 창공을 갈랐다. 그리고 해가 뜨는 쪽으로 향했다. 경련을 일으키는 오시리스의 안면근육이 생생히 떠올랐다.

기다리고 있던 수천 마리의 악마들이 달려들었지만 모두 근처에 다가서지도 못하고 타들어갔다. 그리고 그런 와중에 멀리서 낯익은 녀석이 무장을 하고 다가오고 있었다. 전에 광야에서 만났던 녀석이었다. 녀석이 입가에 웃음을 머금은 채 칼을 내리칠 준비를 했다. 하지만 힘의 차이를 느낀 것일까? 내가 놈을 쳐다보자 움찔거리며 재빨리 몸을 피해 길을 열었다. 녀석은 굴욕스러운 듯 멈춰 있었지만 나는 녀석을 신경 쓸 겨를이 없었다.

신전의 중심에 있는 돔에서 오시리스를 느낄 수 있었다. 행여 오시리스가 노예를 인질로 세울까 봐 나는 서둘러 그곳으로 돌진했다. 신전의 지붕이 무너지고 파편들 사이로 오시리스의 초록 몸뚱이가 보였다. 하지만 이제 두렵지 않았다. 나는 나의 불로 형상화된 검을 그에게 휘둘렀다. 오시리스는 붉은 기운이 드는 검으로 내 일격을 막았다. 힘겨운 듯 어금니를 잔뜩 깨문 오시리스의 표정을 보자 나는 솟구치는 자신감에 한마디 외쳤다.

"노예 아저씨들을 풀어 줘!!"

이 한마디에 오시리스는 칼과 함께 두 동강이 났다.

"으아아!! 아브라함!!"

그의 괴성과 함께 엄청난 양의 불꽃이 사방으로 흩어졌다. 신상들이 일격의 파동에 의해 무너져 내렸다. 악마들은 제각기 뿔뿔이 흩어졌다. 신들이라 자칭하는 자들의 허물은 벗겨지고 창녀들의 눈물자국은 지워졌다. 그렇게 소망을 빨아먹던 악마들을 멋지게 소탕했다.

전신갑주는 사라졌다. 미소를 머금은 다프네의 혼이 내 곁을 떠났을 때처럼 황홀하게 말이다. 복도의 창녀들은 전처럼 야릇한 미소를 짓지 않았다. 기쁨과 환희의 눈물을 흘리며 나를 맞이했다. 나는 웃었고 그들도 웃었다.

그 소녀가 보였다. 나는 그 일곱 살 된 소녀의 앳된 손을 잡고 노예들의 일터로 터벅터벅 걸어갔다. 소녀의 아버지가 지하에서 거대한 굴을 파는 곳을 향했다. 손에서 소녀의 벅찬 심장박동이 느껴진다. 다시 불을 되찾은 일꾼들이 나를 바라보았다. 그중에서 유난히 밝게 타오르는 한 남자의 가슴을 찾았다. 아저씨다. 나는 소녀의 손을 놓아 주었다. 소녀의 눈은 젖었고 아버지는 무릎을 꿇었다. 소녀가 달려가 아버지의 품에 안겼다. 아버지는 거칠어질 대로 거칠어진 손으로 소녀의 머리를 쓰다듬으며 떨리는 목소리로 말했다.

"딸아, 일곱 살 생일 축하한다……."

나는 울었고 그들도 울었다.

일곱 번째 날

비가 내리고 있다.
'여기가 어디지……?'
이상한 것은 비가 내 얼굴을 향해 떨어지고 있다는 것…….
'아, 생각난다. 내가 옥상에서 떨어졌지?'
꽤나 중상을 입었을 것이다. 몸이 무겁다. 어쨌든 살아 있다는 것만으로도 얼마나 다행인가……. 억수같이 내리는 비는 그리 차갑지만은 않았다. 오히려 따뜻할 정도이다. 왜인지는 몰라도 이 와중에 가장 먼저 떠오른 사람은 다프네였다. 지금 내가 다시 이전으로 돌아왔다고 해도 내가 지은 죄들은 사라지지 않는다.
그때 낯익은 누군가가 다가와 무릎을 꿇더니 우산으로 나를 가려 줬다. 예수님이시다.
"비를 맞으면 기분이 좋아지지 않니?"
"네……."
확실히 그렇긴 했다. 행복이라기에는 왠지 시원하면서 외로움이라기엔 포근했다.

"애야, 나는 많은 사람들의 죄를 지켜보고 있단다. 도둑질, 음란, 시기, 질투, 심지어 부모를 살해하고 나를 핍박하고 죽음에 이르게 한 일들을 모두 보아왔다. 하지만 나는 그 모든 행위에 대해 단번에 심판하지 않고 그들의 악한 삶을 거두지 않았다. 나는 그들이 회개하며 내 곁에 돌아오기를 인내하며 기다렸다. 왜 그런지 알겠니?"

"……."

"내가 그들을 사랑하기 때문이란다."

"……."

"그애가 널 진심으로 사랑한다면, 아마 네가 돌아오길 기다리고 있을 게다."

비를 맞으면 기분이 좋아지는 이유는……사내의 눈물을 대신 흘려주기 때문이 아닐까?

다행히 몸엔 아무 외상도 없었다. 마치 모든 것이 계획된 것처럼 말이다. 비 때문에 감기몸살이 들어 학교를 이틀째 못 가고 있다는 것은 좀 힘들지만……. 어쩌면 내가 학교에 가고 싶지 않았는지도 모른다. 다프네와 마주치는 게 약간 두렵기 때문이랄까.

죽음의 위협에서 벗어나서일까? 내 안의 불은 누구보다 강렬했다. 이번 일을 겪고 난 뒤 진리를 갈망하는 나의 마음은 이전보다 뜨거워졌다. 몸살 때문에 몸은 땀으로 범벅이 되었지만 마음만은 상쾌했다.

그런데 지금 난 상사병에 걸려서 가슴앓이를 하고 있다. 다프네의 미소가 떠오를 때마다 가슴이 아려왔다. 신기한 것은 실제로 가슴이 아프다는 것이다. 사랑 때문에 가슴 아파하는 사람들에 대해 다프네가 이야기한 것이 기억난다. 사실 나는 이전까지만 해도 자신이 상대방을 정말 가슴 아플 정도로 사랑한다면 그 사람을 위해 그를 놓아주어야 한다고 생각했지만 이제 와서 겪어 보니 그것이 말처럼 쉬운 일이 아니었다. 사랑하는 이가 나를 사랑해 줄 것을 간절히 원하는 마음은 가혹하면서 어쩔 수 없는 인간의 본성인 것이다.

이런저런 생각을 하는 사이 다시 잠이 온다. 이번엔 노인을 만날 수 있으려나 하고 고민해 본다. 노인을 만나면 뭐라고 말을 꺼내야 할까? 죄송하다고 빌어 볼까? 어떻게 해야 할까, 도대체 어떻게…….

뭔가 계속 얼굴에 닿는다. 지속적으로……. 얼굴을 이리저리 훑어댄다. 가축의 냄새와 들판의 시원한 바람이 느껴진다. 눈을 뜨니 양의 얼굴이 보인다. 귀여운 녀석. 드디어 나는 꿈속에 들어왔다. 노인은 어디쯤에…….

"왔니?"

놀라서 뒤돌아보니 노인이 바위에 걸터앉아 나를 응시하고 있었다. 다행히 미소를 머금고 말이다.

"저기, 할아버지……."

정식으로 사과하려고 몸을 일으키자 노인이 한 손을 살짝 들어 나를 말렸다.

"됐다. 그런데 네가 오해하고 있는 것이 하나 있구나."

"네?"

"네가 죄를 지어서 제일 속이 상하시는 분은 예수님이시다. 사과를 하려면 그분께 하거라."

'예수님은 괜찮으신 것 같던데……. 내색 한번 안 하셔서 그렇게 힘들어하시나?'

어쨌든 나는 여태 궁금했던 것을 물어봐야 했다.

"할아버지, 이곳에선 죽지 않나요?"

"그래, 죽진 않지만 죽는 것만 못하게 될 때도 있단다."

노인은 웃으며 나를 겁주려 했다.

"혹시 제가 옥상에서 뛰어내릴 걸 알고 계셨나요?"

"글쎄, 어느 정도는 말이지……. 하지만 네가 죄를 지어도 언제든 다시 돌아올 거라는 믿음은 변치 않았단다."

"……."

"어쨌든 마음과 그 마음의 힘을 얻었으니 이젠 네 영혼을 일으킬 차례다."

노인이 어디론가 걸어갔고 나는 그의 뒤를 따랐다.

우리는 마을을 떠나 눈 덮인 산에 올랐다. 거칠고 험했지만 그렇게 경사가 급하진 않았다. 산을 오르는 중에 노인에게 물었다.

"할아버지, 그전에 물어볼 게 있어요."

나는 그날 신들의 세상에서 오시리스가 한 말을 기억하고 있었다.

"바알이 누구입니까?"

"네가 오시리스를 만났다면 어느 정도는 알 수 있지 않니? 두려워하지 마라. 별거 아닌 놈이라고 내가 장담하마."

"그래도……."

"가자, 아직 해야 할 일이 많단다."
"네."
오늘도 진격인가…….

나는 며칠 동안 꿈속에서 내 마음속의 불을 표출시키는 일만 반복했다. 노인은 이 일이 나의 믿음을 키우는 데 큰 도움이 된다는 말만 계속했다. 나는 날기도 하고 그때처럼 전신갑주를 만들어 보기도 하면서 나의 불을 신뢰하게 되었다.

노인과 나는 회색 도시로 향했다. 여전히 춥지도 따뜻하지도 않고 인적이라곤 거의 볼 수 없는 퇴폐의 도시이다. 이제 나의 불이 이만큼 성장하고 사슬도 끊어졌으니 꺼진 촛불에 불을 붙이는 것은 아무것도 아니었다.

나는 도로 한가운데 섰다. 나를 유혹한 회색 악마는 이미 사라지고 없었다. 노인이 나에게 해준 말은 없다. 나는 누구보다 내가 해야 할 일을 잘 알기 때문이다. 눈을 감았다. 다프네를 생각하지 않았다. 대신 아무리 노력하고 열심히 살아도 인생이 풀리지 않아서 절망에 빠진 사람들을 생각했다. 북한에서 굶주리는 아이들과 성적으로 인해 자살하는 학생들, 그리고 사고로 가족을 잃은 뒤 눈물로 세월을 보내야 하는 사람들……그들이 잃어버린 것을 되찾아 주기를 간절히 바랐다.

그러자 몸에서 따뜻한 것이 일렁이는 것을 느꼈다. 그것은 줄기차게 사방을 향해 뻗어갔다. 나는 한동안 그 놀라운 광경에 넋을 잃었다. 회색이 사라졌다. 세상이 빛을 되찾고 있는 것이었다. 도시의 기울어진 건물은 다시 세워지고 사라졌던 생명들이 다시 피어났다.
모든 일이 끝나자 노인에게 물었다.
"도대체 이 불의 정체가 무엇입니까?"
"말했지 않니? 성령이라고. 성령은 인간의 영혼을 움직이는 원동력이란다. 인간을 가장 인간답게 하고 삶의 옳은 길을 인도하고 인간에게 꿈을 심어 주지. 또 기적을 일으키고 사랑을 불태우는 진리의 선물이란다."
"좀 더 쉽게 말하자면요?"
"우리의 삶 속에서 역사하는 진리다."
'이 녀석이 진리인가?'
나는 신기한 듯 불씨를 바라보았다.

꿈속에서도 밤이 되었다. 모닥불 근처에서 양과 함께 누워 있었다. 한창 다프네를 생각하다가 갑자기 바알이라는 이름이 생각났다. 게임에서 한두 번 정도 들어본 것 같기도 한 이름이었다. 노인이 말하는 것을 보면 조만간 만나게 될 듯했다. 아누비스도 생각이 났다. 분명 불못에 빠졌으나 죽지는 않았을 것 같고…….
그때 이상한 생각이 들었다. 어째서 악마들이 이렇게 한순간에 사라졌지? 회색 악마가 사라진 것도 수상했다. 내가 오시리스에게 달려들 때도 왠지 오시리스를 제외하곤 모두 이미 다른 곳으로 떠난 듯한 느낌이 들었었다. 노인도 지금 상황에 대해 잘 가르쳐 주지 않는다.
'무슨 일이 일어나고 있는 것일까?'

∽

아빠가 지하주차장에 주차된 자가용에 두고 내린 지갑을 좀 갖다 달라시기에 짧은 체육복에 슬리퍼만 신고 내려갔다. 자식이 아프다는데 이렇게 부려먹어선……. 날씨가 참 화창했다. 사정없이 내리쬐는 저 햇빛도 바람 덕분에 그다지 나쁘지 않게 여겨졌다.

우리 아파트엔 고양이가 참 많다. 밤만 되면 발정 난 녀석들의 우는 소리에 잠을 설칠 정도이다. 한두 마리가 내게 다가왔다. 갈색과 흰색 털이 섞여 있는 녀석은 내가 밤에 학원이나 독서실을 갈 때 항상 인사를 해주는 녀석이다. 또 한 놈은 흰 털에 검은 얼룩이 있는데 평소에 매우 도도한 녀석이다.

그런데 이 두 녀석이 내 앞에 쭈그려 앉아 비켜 줄 생각을 않는다. 내가 왼쪽으로 피하려 하면 같이 왼쪽으로 오고, 오른쪽으로 가면 또 오른쪽으로 가는 식으로 내 앞길을 막았다.

"비켜, 임마."

그런데…….

"소년 동지, 그럴 순 없네."

갈색 털 고양이가 말을 했다!

"우린 천사들에게 너를 악마들로부터 지키라는 명령을 받았다."

"…………너희들이 날 지켜? 개도 아닌 고양이들이?"

내가 대꾸하자 갈색털이 비웃으며 말했다.

"흥, 멍청한 개들이 뭘 할 수 있다고. 자고로 작은 악마들 정도는 우리 눈빛만으로 뼈도 못 추리게 할 수 있어."

"그래……? 그럼 너네들이 날 어떻게 지킬 건데?"

"우리가 받은 명령은 항시 따라다니는 것."
검은털이 말했다.
"학교도?"
"물론."
어이가 없다. 그런 악마들 정도는 내 불로도 얼마든지 무찌를 수 있는데…….
"인간의 교만함이 만악의 근원이지."
갈색털이 말했다. 뜨끔했다.
"뭐야?"
"고양이라면 이 정도는 할 수 있어."
'무서운 놈들'
덕분에 꼼짝없이 감시당하게 되었다.
"내가 지하주차장에 일이 있어서 가야 하……"
"안 되네, 동지."
갈색털이 말했다.
"네가 거기 가면 시험에 빠지게 될 거야. 그러니 안 돼."
"내버려둬. 자기가 선택할 일이야. 우린 충고만 해주고 위험에서 건져주면 돼."
고양이들이 길을 비켰다. 그때 검은털이 말했다.
"대신 이 몸이 함께 가지."
"얼른 다녀오라고. 시장하니까."
'버릇없는 고양이들……'

지하주차장 천장에 달린 형광등이 깜박거렸다. 교체할 때가 되었는가 보다. 어쨌든 나는 아빠 차를 향해 걸어갔다.

"서둘러. 뭔가 다가오는 게 느껴진다."

검은털이 나를 재촉했다.

그런데 차 안을 아무리 뒤져도 지갑이 보이지 않았다.

'어디에 있지?'

그때 삐그덕거리는 소리가 났다. 나는 재빨리 천장을 쳐다봤다. 감시 카메라가 뒤틀려 으스러지고 있었다. 갑자기 깜빡이던 형광등도 하나를 빼놓고 모두 꺼져 버렸다. 나는 두려움에 휩싸였다.

"온다."

검은털의 말과 동시에 발소리가 들렸다. 소리가 나는 쪽을 응시하자 누군가 빛 속으로 나타나기 시작했다. 그 녀석이다! 황야에서부터 끝까지 나를 괴롭히던 그놈이었다.

"15층 옥상에서 떨어졌는데 몸은 성하구나."

놈의 입가에 기분 나쁜 웃음이 서려 있다.

"여태까지 내 이름을 안 밝혔지?"

"궁금하지 않아."

나는 악의에 찬 눈으로 그놈을 경계했고 녀석은 비아냥거렸다. 그런데 녀석은 좀 뭐라고 할까……, 사람의 형태를 입어간다고 해야 하나?

"나는 에리니에스다. 악마들 중에서 인간의 복수라는 감정을 만드는 수장 역할을 하고 있다."

"여성스러운데?"

"사실 내 어머니의 칭호였으나 이젠 나는 어머니를 능가했기에 바알님께서 나에게 직접 이 칭호를 내리셨다. 바알님의 은덕을 욕

되게 하지 마라."

녀석이 사뭇 진지해지더니 나에게 뭔가를 내밀었다. 아빠의 지갑이었다.

"이걸 찾나 보지?"

녀석이 지갑을 들춰보았다.

"세상에, 너희 아버지는 자식들을 참 사랑하시나 보다……."

"이리 줘!"

녀석이 날 쳐다보았다.

"너희 여동생 내가 데려가도 되겠나?"

내가 죽일 듯이 노려보자 검은털이 옆에서 술수라며 넘어가지 말라고 속삭였다.

"내 이름이 왜 '복수의 신'인지 잘 알겠지? 나 생각보다 짜증나는 놈이다. 문제는……."

녀석이 부르르 떨었다.

"난 너에게 갚아 줄 빚이 좀 있거든."

꽉 쥔 놈의 주먹에서 검붉은 것이 떨어졌다.

'나에게 겁을 줄 심산인가?'

그때 검은털이 날 툭 쳤다. 내가 쳐다보니 고개를 설레설레 흔들었다.

"너에게 복수라는 것을 심어 주기 위해 나는 어머니를 끌어내리고 이 자리에까지 올랐다. 바알님께서도 나의 충성심을 인정해 주셨다."

"충성심을 보여 준 놈이 사막에서 그렇게 내빼냐?"

녀석이 실성한 듯 웃었다.

"악마에게 치욕을 안긴 대가는 정말 각오해도 좋다. 나는 네놈이 제 발로 지옥에 들어오게 만들 테다. 그리고 바알님의 오른팔이 되겠다!"

녀석에게 살기가 끓어 넘쳤지만 나는 물러서지 않았다.

"할 수 있으면 해봐, 겁쟁아."

녀석이 어금니를 깨물며 어둠 속으로 사라졌다. 다시 형광등에 불이 들어왔다. 바닥에는 아빠의 지갑이 떨어져 있었다.

"다녀왔나, 동지."

갈색털이 말했다. 그리고 검은털이 말을 이었다.

"하지만 동지, 그 녀석을 자극시킨 건 대단한 실수다. 앞으로 녀석은 너에게 미친 듯이 달려들 거야."

"괜찮아……."

그때 갈색털이 말했다.

"그럼 동지 집으로 가자."

나는 당황했다.

"우리 집? 우리 엄만 동물 털만 보면 기겁한다고!"

"항시라고 하지 않았던가?"

"괜찮아, 동지. 우린 이래 봬도 아양 떠는 것만큼은 자신 있거든. 여자들이 우리 연기에 환장을 하지."

갈색털이 말했다.

'이 녀석, 진지하잖아…….'

"가져왔어요."

"넌 차 안에서 자기라도 했니? 지갑 들고 오는데 무슨 시간이……."

아빠가 고양이를 봤다.

"그게 뭐니……."

나는 애써 웃으며 말했다.

"고양이잖아요……."

"냐옹."

"냐오옹."

내 여동생이 이 광경을 보고선 고개를 내저으며 어디론가 걸어갔다.

"엄마!"

여름방학식을 며칠 앞두고 개교기념일을 맞이했다. 나에게 괜찮냐고 물어본 준영이의 문자에 답장을 한 것을 제외하곤 학교 친구들 누구와도 대화를 한 적이 없기에 상당히 쓸쓸했다. 그래서 학교에 가보기로 했다.

"어딜 간다고?"

갈색털이다.

"그냥 요새 너무 밖에 안 나간 거 같아서 산책 좀 하고 오게."

"지금 혼자 어딜 가는 건 너무 위험하다."

검은털이 말했다.

"그냥 잠시 다녀오는 거니까 따라오지 마."

"그래. 그 정도 가지곤 아무 일도 안 일어난다구."

"……."

검은털은 돌아서서 방을 나가는 내 뒷모습만 바라보고 있었다.

학교는 텅 비어 있었다. 나는 사람들이 없는 곳을 상당히 좋아하는 편이다. 예를 들면 점심시간에 애들이 전부 밥 먹으러 식당에 가고 나서 홀로 교실에 남아 바람에 살랑거리는 커튼을 쳐다보고 있는 순간을 나는 너무 사랑한다. 명상과 기억들이 커튼과 함께 춤을 춘다고 해야 할까…….

나는 교실이 있는 곳까지 올라갔다. 복도의 창살로 부드럽게 뜨거운 여름 햇살이 들어오고 있었다. 교실에 들어갔다. 그리고 내 자리에 앉았다. 역시 가장 먼저 생각난 것은 다프네였다. 나는 알았다. 지금 내가 느끼는 감정이 단순히 연애욕에서 나오는 것이 아니라 진짜 사랑에서 나온다는 것을 말이다.

나는 그녀를 존중했다. 그러기에 사랑하면서도 더욱 다가갈 수가 없었다. 그런 나에게 있어서 지난날 내가 다프네에게 행했던 일은 정말 큰 상처였다. 어떻게 하면 다시 이전처럼 돌아갈 수 있을까? 어떻게 하면 그때 비 오던 날 함께 우산을 쓰고 정류장까지 갔을 때로 돌아갈 수 있을까……. 고민 끝에 나는 자리에서 일어나 다프네의 반 근처로 갔다.

그런데 교실 뒷문 근처에 갔을 때 말소리가 들리는 것을 알아차릴 수 있었다. 나는 바깥벽에 기대어 서서 대화를 들었다. 다프네였다!

"내일이라고요?"

"그래. 오늘 밤 모두 만나서 준비를 할 거다……."

그리고 어떤 한 남자의 목소리가 들렸다.

"왜 그러느냐, 다프네? 뭔가 미련이라도 남는 게냐?"

"글쎄요……. 이렇게 갑작스럽게 떠나면…….."
"다프네, 세상 것은 중요한 게 아니다."
'떠난다니, 다프네, 떠난다니?'
"거기 누구냐?"
누군가 나를 알아차렸다. 보아하니 이 사람은 천사인 듯했다. 할 수 없다. 나는 있는 힘껏 내달렸다. 그가 내 뒤를 쫓기 시작할 때 외침이 들렸다.
"멈춰요!"
그가 나를 쫓는 것을 멈추었다.
"적어도 나쁜 사람은 아니잖아요. 게다가 이건 숨겨야 할 문제도 아니에요……."

나는 미친 듯이 달렸다.
'다프네, 대체 어딜 간다는 거야?'
무엇인가가 앞을 가로막자 그제야 나는 멈춰 섰다. 검은털이었다.
"너, 사랑에 빠졌구나."
"……."
"그거 아나, 동지? 악마는 사랑으로 장난치는 걸 무진장 좋아한다구……."
"……."
그렇게 나는 말없이 검은털과 집으로 향했다.

오랜만에 학교에 간다. 오늘은 정말 다프네에게 사과를 하리라고 굳게 마음을 먹었다. 사실 오늘이 아니면 영원히 기회가 없을지도 모른다. 실제로는 며칠 안 되었지만 버스 정류장에 가본 지 몇 달은 된 듯한 기분이 들었다. 평소와 다른 게 있다면 고양이 두 마리가 날 따라오고 있다는 것이다. 날씨는 금방이라도 비가 쏟아질 듯했지만 오지는 않았다. 버스를 기다리는 사람들의 표정도 썩 밝지 못했다. 사람들 모두 눅눅한 날씨에 버스를 탈 것을 생각하니 기분이 좋지 못한 것 같았다.

내 옆엔 큰 나무 한 그루가 서 있다. 물기를 머금어서 그런지 짙은 초록색이 내 가슴을 답답하게 만들었다.

결국 고양이 두 마리를 안고 있는 것 때문에 모든 사람들의 시선을 받으며 버스를 타야 했다. 갈색털이 "동지, 며칠만 참으면 될 거야"라는 말을 제법 큰 소리로 속삭이는 바람에 몇몇 여학생들이 노골적으로 나를 회피하는 일도 있었다. 어쨌든 그렇게 학교에 도착했고 몇 교시가 지났다.

늘 그렇듯 방학을 앞두어서인지 다들 들떠 있는 상태였다. 학교에선 공부는 안 하고 영화만 보여 주었다. 나는 외국어 고등학교를 목표로 하고 있었기에 그 시간에도 놀 수 없었다. 그런데 아침부터 준영이가 보이지 않는 것이 마음에 걸렸다. 출석을 부를 때 아예 선생님이 이름을 부르지 않았다는 것은 사전에 연락이 있었다는 뜻이기에 혹시 몸이라도 아픈 것일까 걱정이 되었다. 문자를 보내도 답장이 없어서 그냥 넘어가기로 했다. 하늘에 구름이 꽤 끼어 있었으나 아직까지 비는 오지 않았다.

"거 날씨 한번 우울하네……."

검은털이 말했다.

바람이 거세게 불어 교실 창문의 커튼을 흔들어댔다. 나는 요동치는 커튼을 바라보았다. 다프네에게 사과할 것을 생각하니 공부가 머리에 들어오지 않았다. 잘못하면 염치없어 보일 수도 있다는 생각 때문이었다. 결국 나는 준영이에게 이 상황을 물어보기로 했다. 그런데 몇 번을 전화해도 준영이가 받을 생각을 안 했다. 더 이상한 것은 준영이의 책상이 없어진 것이다. 나는 쉬는 시간에 준영이의 행방을 물었으나 놀라운 것은 그들이 준영이가 누구인지조차 모르는 것이었다! 나는 급히 다프네의 반을 찾아갔다. 다프네의 책상 또한 없었다. 나는 전에 내가 때려눕힌 녀석을 찾아가 다짜고짜 다프네가 어디 갔냐고 물었으나 역시 다프네가 누군지조차 몰랐다. 나는 불안한 마음에 휩싸였고 내 자신이 혹시 정신적인 장애가 있는지 의심했다.

그때 뭔가 이상한 기분이 들었다. 창가로 들어오던 바람이 멎었다. 복도와 교실을 돌아다니던 사람들이 일제히 멈췄다. 나는 교실을 향해 달렸다. 모든 것이 정지되어 있었다. 시간이 멈춘 것이다.

'어떻게 된 거지?'

커다란 진동이 느껴졌다. 창 밖을 보니 무엇인가 일어나고 있었다. 나는 재빨리 옥상으로 올라갔다. 그리고 나는 경악했다. 수천 개의 번개가 한곳에 몰아치더니 어마어마하게 큰 폭풍을 이루어 엄청난 굉음을 내며 커져갔다.

"아무래도 악마가 나타난 것 같네, 동지."
검은털이 넋을 잃은 채 혼잣말하듯 얘기했다.
그때 폭풍의 반대편 하늘에서 빛이 쏟아지더니 전에 교실에서 악마와 싸우던 천사들이 내려오기 시작했다. 천사들이 학교 옥상으로 내려와 폭풍을 지켜보았다. 나는 두려움으로 떨고 있었다. 한 천사가 나에게 다가와 말없이 어깨를 짚었다. 덕분에 어느 정도 진정되었고 이제 혼란으로 가득 찬 폭풍을 응시할 수 있었다.
폭풍이 크게 요동치기 시작하더니 검은 물체가 쏟아져 나오기 시작했다. 악마였다. 그리고 거대한 녀석들이 몸부림치며 폭풍 속에서 나오기 시작했다. 내 예상이 맞다면 저 악마들은 모두 지옥에서 공간을 뚫고 현세에 나타난 것이다. 온몸이 사슬에 감긴 녀석들은 내가 여태 봐왔던 악마 중 가장 거대했다. 사방이 악마들의 괴성으로 가득 찼다.
천사들은 날 선 검을 휘둘러 그들과 맞섰다. 나도 내 몸에 있는 불꽃을 펼쳤다. 나는 연습한 대로 그 불들을 형상화시켜 전신갑주를 만들었고 검을 쥐었다. 천사들이 날아들자 나는 힘껏 옥상에서 뛰어내렸다. 나는 공중에서 악마들과 싸웠다.
'도대체 이게 어떻게 된 일이지?'
어리둥절했지만 지금은 끝없이 쏟아지는 녀석들을 처치해야 했다. 나는 잠시 공중에서 적을 관찰하고 있는 천사에게 다가가 물었다.
"이 녀석들이 항상 이런 식으로 나타나나요?"
"천만에!"
"그럼 녀석들이 아무 이유도 없이 이렇게 미쳐 날뛴단 말이에요?"

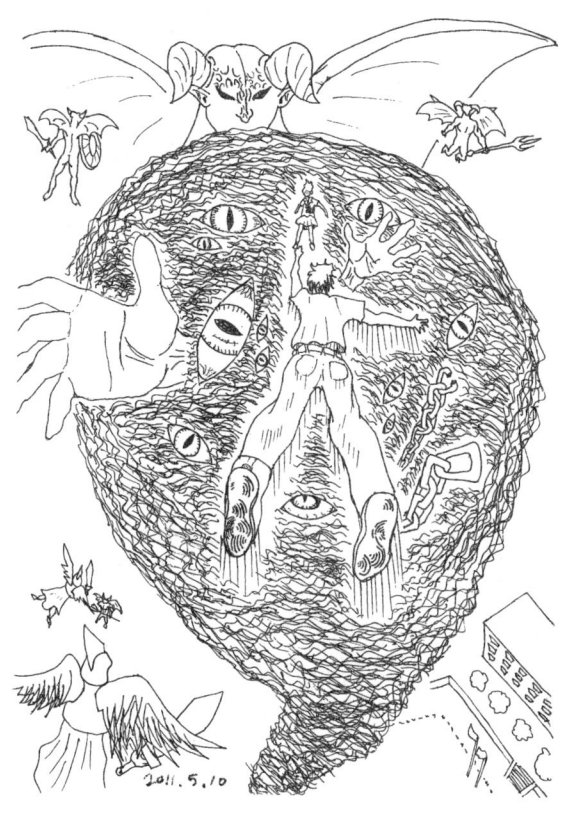

"이봐! 이건 너를 지키기 위한 싸움이야!"
그리곤 천사는 하강했다. 나는 얼떨떨했다.
'나를 위한 싸움……?'
나는 다시 이리저리 날아다녔다. 그러던 중 폭풍의 꼭대기 한가운데서 나와 같이 불을 사용하는 사람을 볼 수 있었다. 그가 누군지 확인하기 위해 가까이 다가갔다. 그런데 일렁이는 불꽃 뒤로 다프네가 있었다.
"다프네!"

다프네가 고개를 들어 나를 봤다.
"……."
"다프네……."
나는 미안하다는 말을 꺼내려고 했다. 그때였다. 무엇인가 날아오더니 다프네의 가슴에 꽂혔다.
'안 돼!'
순간 다프네는 불의 균형을 잃었고 폭풍 한가운데로 떨어지기 시작했다. 다프네의 피가 하강하는 나의 얼굴에 스쳤다. 가까스로 다프네에게 손을 뻗고 있을 때 또 다른 내가 나타나서 먼저 다프네를 낚아챘다. 그의 생김새는 나와 똑같았다. 나는 그의 눈빛을 봤다.
"에리니에스!!!"
녀석이 폭풍 속으로 다프네를 데리고 가며 나지막하게 말했다.
"운명이 참 짓궂지 않냐?"
"너!!!"
하지만 폭풍은 사라졌고 나는 무력하게 아스팔트 도로 한가운데 내동댕이쳐졌다. 악마들이 모두 사라졌지만 이것은 진 싸움이나 마찬가지였다. 나는 울었다. 무력한 자신에 대해 다시 분노했다. 한 천사가 나에게 위로하며 다가왔지만 나는 뿌리치며 내달렸다. 시간이 다시 흘렀고 하늘에선 비가 내렸다.

옥상에서 떨어진 지 얼마 되지도 않아서 다시 비가 내리게 될 줄은 상상도 못했다. 하지만 이 얼마나 짓궂은 여름의 날씨인가……. 그때 내가 다프네를 부르지 않았다면 다프네가 그렇게 되진 않았을 텐데……. 사랑하는 사람이 나 때문에 지옥에 갔다. 미쳐버릴 것만 같다. 다프네를 놓치기 싫었다. 그녀를 다시 만날 수 없다고 생각하니 초조해졌던 것이다. 그래서 부른 것인데……. 단지 사랑해서 부른 것인데……. 내가 멍청이다. 결국 나는 '복수'라는 녀석에게 사랑을 빼앗기고 말았다. 나는 스스로 다짐해야 했다. 내 자신이 지옥에서 영원히 썩는 일이 있더라도 다프네만은 구해야 한다고. 나에게 있었던 일을 알았는지 두 고양이는 말이 없었다. 내가 혼자서 밖에 나가도 말이다. 나는 갈색털에게 물었다.

"만약 내가 지옥에 내려가면 다시 돌아올 수 있을까?"

"될 거라고 생각하나, 동지? 내 생각엔 죽지 않고 그곳에 가본 사람은 없을걸?"

"그래……?"

그때 검은털이 말했다.

"동지가 무슨 생각을 하고 있는지 이해가 간다. 어차피 갈 수 있다면 우리가 어떻게 막을 수 있는 일이 아니라는 것도 안다. 동지, 이번 일만큼은 동지 스스로가 결정해야 할 것 같다."

그래, 난 이미 모든 것을 결정했다. 다프네만은 어떻게 해서라도 반드시 구해낼 것이라고…….

눈을 떴다. 거대한 시계 태엽이 돌아가는 그 동굴이다. 나는 전과 같은 길을 걸었다. 여전히 태엽들의 주변엔 하늘거리는 연기 같은 기운이 맴돌았다. 이곳에 처음 와서 노인과 함께 태엽을 하나하나 살펴보던 때가 생각이 났다. 정체 모를 이것들을 신기한 듯 바라보며 노인에게 가르침을 받았던 그때 말이다. 그때가 그리웠다. 평화롭고 진리에 한 발짝씩 다가간다는 사실 때문에 행복했다. 모든 게 신기하면서도 거짓이 아니라는 확신이 들었고, 그것 또한 나를 행복하게 해주는 사실이었다. 마치 허무한 나의 존재에 의미를 부여해 주듯 내 눈앞에 펼쳐진 이곳이 너무 좋았다.

그런데 이상하게도 계속 그 기운을 보고 있자니 점점 내가 있는 쪽으로 다가오기 시작하는 것이었다. 그리고 그 기운은 내 앞에서 사람의 형상을 이루었다. 온통 흰색으로 덮여 있는 한 젊은 여성이 나타났다.

"누구시죠?"

내가 묻자 그녀가 대답했다.

"난 '기억'이란다. 저 시계 태엽이 움직이면서 생겨나게 되었지."

"기억이라고요? 정말 많은 걸 알고 계시겠네요."

"그래. 사람들은 나를 역사라고도 부르지. 게다가 난 네가 여태 살아온 모든 삶을 보아 왔단다."

그녀가 나에게 다가오며 말했다.

"나는 네가 큰 결심을 하고 이 자리에 온 것을 안단다. 그리고 나는 너의 모든 문제들이 잘 해결되기를 간절히 바란단다. 하지만 불행히도 인간은 육체를 가지고 있기에 환경으로 인해 나약해지기 마련이지. 그래서 나는 네게 선물 하나를 주기로 결정했단다."

그녀가 작은 기운 덩어리를 나에게 건넸다.

"이건 제 과거인가요?"

"글쎄……어쨌든 네가 가장 힘들고 외로울 때 이 기억을 살펴보렴. 분명 큰 힘이 될 거야."

나는 그 기운을 끌어안았고 기운은 금세 나에게 흡수되었다.

"다음에 다시 만났으면 정말 좋겠구나."

그녀는 미소와 함께 다시 연기가 되어 태엽들 사이로 사라졌다.
나는 나의 시간이 만들어지고 있는 곳으로 들어갔다. 우스꽝스러운 남자가 떠받치고 있는 탁상에 마지막 태엽이 올려져 있었다. 탁상 다리에 있는 남자의 이 우스꽝스러운 외모에는 사실 어떤 메시지가 담겨 있었다. 그의 뒷머리가 없는 이유는 시간은 지나가면 다시 잡을 수 없다는 것을 의미했다. 나는 그 의미를 다시 되새겨 봤다. 기회를 놓치지 마라 혹은 시간을 알차게 쓰라는 의미도 있지만 나에겐 지나간 시간에 미련을 두지 말라는 의미로 받아들여졌다. 잡을 수 없는 것을 쫓는다는 것은 어리석기보다는 슬픈 것이니까……

은으로 된 이 톱니에는 '지옥의 문'이라는 문구가 적혀 있었다. 게다가 머리가 일곱 달린 용을 탄 기사의 문양이 새겨져 있어서 나를 무척 긴장하게 만들었다. 그리고 나는 태엽 옆에서 쪽지를 하나 발견했다.

  믿는 자에겐 능치 못함이 없느니라.

'믿으면 무엇이든 된다는 것인가……?'
나는 각오를 단단히 하고 톱니에 손을 뻗었다. 그때 뒤에서 음성이 들렸다.
"진짜 가려고?"
뒤돌아보니 준영이었다!
"야, 너……"
"그래. 니 친구 준영이다."

녀석은 웃고 있었다. 흰옷을 입고 있는 것이 여지없는 천사의 모습을 하고 있었다.

"너……."

나는 말을 잇지 못했다.

"나 천사 맞아. 너와 친구가 되는 것이 나의 임무다."

"그러니까……임무라고?"

"네가 이렇게까지 성장한 걸 보니까 내가 다 뿌듯하다. 나는 네가 이 위기를 잘 넘기리라 확신해."

준영이가 내게로 걸어왔다.

"그 쪽지 아브라함이 적어준 거야."

"그래……?"

"여기까지 온 거 후회는 없지?"

나도 모르게 웃음이 나왔다.

"내가 후회할 지우냐?"

준영이도 같이 웃었다.

"빨리 돌아와서 같이 놀아야지. 다프네랑 셋이서. 안 그러냐?"

나는 고개를 끄덕이고 은으로 된 그 태엽을 쥐었다.

눈을 떴다. 눈앞엔 끝없이 펼쳐진 먹구름만 보였다. 하늘에선 번개가 쳤으나 그 색은 붉은 빛이었다. 세상이 핏빛으로 가득 차 있었다. 나에게는 아무것도 가진 것이 없었다. 주위의 공기는 매우 축축했고 뭔가 녹슨 쇠의 냄새가 났다.

　나는 몸을 일으켜 사방을 둘러보았다. 붉은 돌들이 끝없이 펼쳐져 있었다. 그리고 어떠한 생명체도 보이지 않았다. 그런데 저 멀리 지평선에서 뭔가가 일어나고 있었다. 마을 전체에 불이 난 듯 밝은 그곳에선 사람들의 비명소리가 어렴풋하지만 거대한 군대의 함성처럼 퍼져 왔다. 끔찍한 느낌이 소름 돋듯 올라왔다. 두려웠다. 하지만 나는 어딘가를 향해야 했다. 할 수 없이 나는 본능이 말하는 대로 타오르는 지평선을 등지고 걸었다. 그 끝은 암흑뿐이라 불쾌했으나 어쩔 수 없었다.

　그런데 얼마 가지 않아서 이상한 소리가 들렸다. 나는 본능적으로 뒤를 돌아보았다. 아무것도 없었다. 하지만 그 소리는 분명한 날갯짓 소리로 바뀌었고 오싹한 느낌이 든 나는 위를 쳐다봤다. 순간 무언가에 머리를 치였다.

　앞이 잘 보이지 않았다. 분명 비행 중인 듯했다. 이전보다 천둥소리가 훨씬 크게 들리는 것을 보니 틀림없었다. 나는 무엇인가에 붙들린 채 지옥의 하늘을 날고 있었다. 그리고 이내 나는 그 무엇인가가 머리가 일곱 달린 용이라는 것을 알아차렸다. 아마 녀석들은 내가 이곳에 왔을 때부터, 아니 어쩌면 그 이전부터 이 일을 준비한 듯했다. 눈꺼풀이 무거워졌다. 그리고는 다시 의식이 희미해져 정신을 잃었다.

　사방이 온통 깜깜했다. 게다가 나는 어딘가에 묶여 있어서 움직일 수가 없었다. 기억은 잘 안 나지만 마치 구타를 당한 것처럼 온

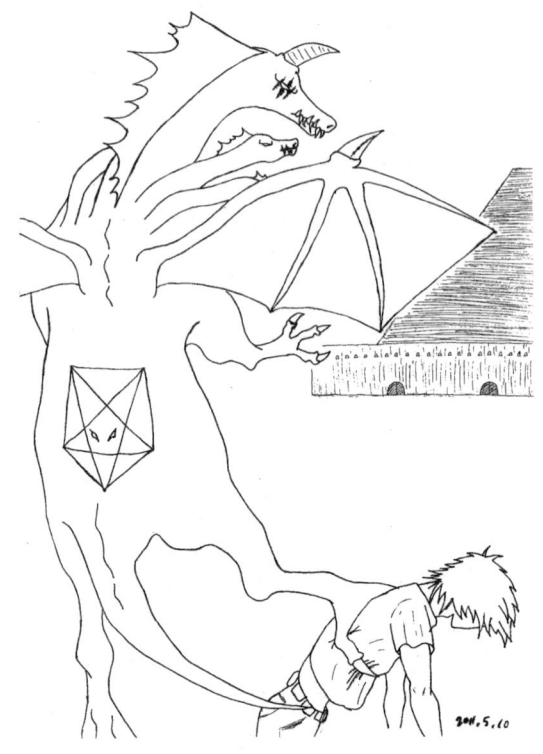

몸이 쑤셨다. 그때 먼발치에서 푸른색 불이 일어나더니 누군가 모습을 드러냈다.

'에리니에스!'

녀석이다!

"다행히 여기에 올 만한 용기는 있었군."

"내가 너랑 농담이나 하러 온 줄 알아? 다프네가 어디 있는지 말해!"

"아, 그때 내가 다프네를 데려가서 화가 많이 났나 보지?"

녀석이 비아냥거렸다.

"미안하지만 여기서 순순히 너에게 다프네를 건네줄 사람은 아무도 없다! 아직 지옥이라는 게 와 닿지 않지? 하지만 그것도 이제 끝이다. 내가 너에게 바알님을 만날 수 있는 영광을 주마!"

갑자기 위에서 문이 열리더니 사슬이 부딪히는 소리가 들렸다. 그들이 나를 들어올리고 있는 것이었다. 서서히 바닥이 눈앞을 지나고 나는 악마들이 지켜보는 가운데 무릎을 꿇었다. 그리고 바알을 볼 수 있었다. 그 거대한 악마는 다리를 꼬고 한손으로 머리를 받친 채 눈을 감고 있었다.

나는 찬찬히 그를 관찰했다. 머리에 큰 뿔이 달린 도깨비 같았다. 그리고 괴상망측한 갑옷을 입었다는 것 외엔 다른 악마들과 별로 다를 것이 없었다. 나는 그의 가슴에 불이 있는지 확인했다. 역시 아무것도 확인할 수 없었다. 그런데 주위의 악마들이 킬킬거리며 나를 비웃기 시작했다. 그때 바알이 눈을 떴다.

"어……!"

나도 모르게 입에서 탄성이 나왔다. 엄청난 화염이 휘몰아치며 나를 압도했다. 나는 잔인할 정도로 붉은 그의 눈을 피해 고개를 숙였다. 그러자 살기가 잦아들었고 그가 말하기 시작했다. 그의 목소리는 의외로, 심지어 변태적일 정도로 여성스러웠다.

"수천 년을 인간의 숭배를 받으며 살아왔다. 나는 그들에게 성공, 돈, 명예를 주어 그들의 본성을 일깨워 주었다. 그러나 많은 인간들이 나를 거부한 채 자신이 마치 선한 어린 양이라도 된 것처럼 어리석게 살고 있다. 그들은 모두 위선자이고 거짓말쟁이다. 그 어떤 인간도 선한 자는 없다. 그들은 모두 자신의 본능에 충실하지 못한 채 거짓으로 하늘의 상급을 받으려 하는 것이다."

'이건 또 무슨 소리야?'

그가 나에게 다가오더니 코앞에 얼굴을 들이밀었다.

"네가 사는 세상에 오로지 타인을 위한 선이 존재한다고 생각하나?"

나는 가쁜 숨을 내쉬며 말했다.

"어디든지!"

그러자 주위의 악마들이 비웃었다.

"거짓말을 하는구나."

그가 다시 걸어간다.

"선한 인간의 모습은 항상 내면에 뭔가를 숨기고 있단다. 자신들은 그런 것은 없다, 모른다고 생각해 버리고선 항상 거짓말을 하고 다니지. 인간으로 태어난 이상 본능은 사라지지 않아. 그리고 우리들은 가슴속에 숨어 버린 그 진실을 일깨우기 위해 수천 년을 노력했다. 인간의 이기적인 본성을 일깨우기 위해서 말이다! 마침내 모든 인간의 닫힌 문을 열 열쇠가 우리의 수중에 들어왔구나……."

그가 나를 내려다보았다.

"어쩌면 신이 인간들의 악한 본성에 지쳐 버렸는지도."

뭐가 그리 즐거운지 바알이 숨이 넘어갈 듯이 웃기 시작했다. 목소리가 앙칼졌다.

"너, 네가 가진 그 불이 얼마나 강한 힘을 가졌는지 알고 있나?"

"……."

"그 불씨는 끝없이 불타오르고 있는 것이다. 그 무한한 불은 지옥과 인간세계의 벽을 허물어 악마가 인간의 시간 속으로 들어갈 수 있는 유일한 열쇠지. 선은 악마에게 조금도 존재하지 않기 때문에 그 끝없이 흘러나오는 선한 힘이 없으면 인간세계로 갈 수가 없거든. 우리는 여태 인간의 기도와 불을 먹으며 간접적으로 힘을 행사해 왔지만 이젠 아니란다. 모두 네 덕분이야."

순식간에 그의 날카로운 손이 내 가슴에 박혔다. 너무 고통스럽다!

"너무 그러지 마, 이건 시작에 불과하니까!"

그가 다시 사악하게 웃었다. 나는 극심한 고통에 의식을 잃었다.

다시 정신을 차렸을 무렵 비몽사몽간에 악마들이 하는 대화를 엿들을 수 있었다.

"열쇠는 이제 우리에게 있습니다. 이제 이 녀석은 그곳에 던져버릴까요?"

"이 녀석은 아주 독특한 이성을 가지고 있다. 이런 유명인사는 루시퍼님께 산 제물로 드려서 그분의 영광을 나타내는 데 써야 하지 않겠니?"

"정말 루시퍼님께 충성하시는군요."

"시간이 말세에 가까웠다. 우리끼리 세력 다툼할 시간이 없어. 그냥 알아서 잘 살려놔, 조만간 루시퍼님께서 열쇠를 확인하러 오실 것이다."

'열쇠는 내 불씨를 말하는 건가……?'

몇몇 악마들이 나를 어디론가 끌고 갔다.

철문이 굉음을 내며 닫혔다. 감옥이었다. 나는 내 가슴속을 들여다보았다. 다시 사슬 뭉치만 내 가슴속을 메우고 있을 뿐 온기라고는 조금도 없었다. 시간이 지나자 통증이 조금씩 가시고 나는 뚜렷

하게 사물을 바라볼 수 있었다. 하지만 내가 할 수 있는 것은 아무 것도 없다. 그래도 내가 이곳에 오게 된 것은 분명 목적이 있어서라고 믿어 의심치 않았다. 그때 누군가 다가오는 소리가 들렸다. 에리니에스와 두건을 쓴 악마였다.

"도대체 무슨 생각으로 여기에 왔을까? 아참, 내가 그렇게 만들었지? 하하하!"

녀석이 날 비웃었다.

"다프네는……어디에 있지?"

"글쎄, 어디에 있을까? 어디에 있든 그때 네가 그녀를 부르지 않았다면 여기에 있지 않았겠지?"

"……."

"너랑 놀아주고 싶은데 말이야, 워낙 널 만나겠다는 손님이 많아서 난 이만 가봐야겠다. 이런 건 어떨까? 내가 너로 변장해서 다프네와 사랑을 나누는 거야, 어때? 재밌지 않을까?"

'아브라함, 제가 이곳에 오는 것이 당신의 뜻 가운데 있기를……'

에리니에스가 저 멀리 사라지고 악마가 복면을 벗었다.

'아누비스!'

그의 얼굴은 화상을 입어 흉측하게 일그러져 있었다.

"너에게 죽음 그 이상의 고통을 안겨 주겠다!"

아누비스가 으르렁거리며 창을 들어 나를 겨누었다. 그때 누군가 그의 팔을 잡았다.

"루시퍼님께서 얼마 후에 도착한다는 소식이다. 그때까지 이 아이의 혼을 오염시키지 말라는 분부가 내려졌다."

아누비스가 다시 두건을 쓰더니 가버렸다. 나는 남아 있는 악마를 뚫어지게 쳐다봤다. 낯이 익었다. 알고 보니 내가 불을 가지러 신전에 갔을 때 나와 대화를 나누었던 악마였다!

"저런, 정말 영락없는 프로메테우스 꼴이군. 불을 훔치다 간을 파먹혔으니. 다시 한 번 말하지만 아브라함은 위선자다. 너는 이집트에서 신이 되었을 때 바알님께 충성했어야 했다."

그러고는 그 악마도 사라졌다. 이 모든 일들이 나 때문에 일어났다. 반드시 이 시련 속에서 돌파구를 찾아야만 했다. 하지만 힘이 나질 않았다. 나의 실수로 사랑도 잃었다. 더 이상 내겐 남아 있는 소망도 없었다. 절망적이다.

진리를 알기 위해 몸부림치던 젊은 학생이 떠오른다. 그때가 너무 그립다. 지금 내 가슴을 무너지게 만드는 이 시련 때문에 더욱 그리웠다. 나는 아직 아무것도 알아낸 것이 없다. 아직 동물 본성의 근원이라든가 악의 존재이유, 선의 당위성 등 아무것도 알아낸 것이 없다.

지금까지 나는 노인에게 많은 것을 배웠다. 인간만이 가질 수 있는 사랑의 숭고함이라든가 소망이라는 인류의 사명 같은 것들은 내가 허무를 깨뜨리고 삶을 살아가는 데 많은 도움을 주었다. 하지만 이 모든 것들의 '축'은 아직까지 베일에 싸여 있다. 인류가 몇천 년을 걸쳐 고민을 했지만 아직까지 답이 나오지 않았다. "나는 생각한다. 고로 존재한다"라고 했지만 축을 증명하기에는 턱없이 부족했다. 이렇게 세월이 흐르고 노력을 쏟았으면 찾아지는 것이 상식적으로 맞지 않은가? 어째서 다른 건 몰라도 인간이 살아야 하는 이유를 아직까지 모를 수 있단 말인가? 갑자기 준영이가 생각났다(물론 천사였지만). 어째서 그렇게 아무 의심 없이 인생을 행복하게 살아갈 수 있는가? 단지 믿는다고 이 모든 고민들이 해결된단 말인가?

나는 허무하게 시간을 보냈다. 아무 생각도 하지 않았다. 하기 싫었다. 어차피 답은 나오지 않을 것이기 때문에…….
그때 가슴속에서 구름 같은 무엇인가가 흘러나왔다. 바로 이곳에 오기 전 동굴에서 받은 '기억조각'이었다. 그것은 감옥의 벽으로 나아가며 형태를 갖추었다. 그리고 잠시 뒤 나는 그것이 '매미'임을 알아차렸다. 매미가 나에게 물었다.

"죄악의 근원은 무엇인가?"

나는 대답했다.

"모른다……."

"선과 악의 구분은 어떻게 할 수 있는가?"

"모른다……."

"동물의 본성의 근원이 있는가?"

"모른다…….'

"생물은 살아 있는가?"

"모른다……."

"너는 살아 있는가?"

"몰라."

"이 세상이 존재하는가?"

"모른다니까!"

"네가 알고 있는 것은 무엇인가?"

"……."

나는 내가 생각한다는 사실을 안다. 하지만 이 사실은 나에게 아무 행복도 주지 못했다. 만약 이 세상에 이성은 존재하지 않고 본성과 믿음만 존재한다면, 차라리 그랬으면 더 좋겠다. 내가 알고 있는 것이 내 자신이 생각한다는 것밖에 없는 것은 나를 외롭게 만들기 때문이다. 내가 행복하게 여기는 모든 것들이 거짓이고 이 세상에 나 혼자만 존재하는 것과 같았다. 이 세상이 존재하냐고? 나는 '모른다'라고밖에 대답할 수 없었다. 지금 내가 있는 이곳도 나 혼자만의 환상일 수도 있다. 꿈을 꾸고 있는지도 모른다.

"그럼 다프네는?"

"······."

"그녀는 존재할까?"

"······내가 무엇을 증명해야 내가 믿는 모든 것들이 진실이 될 수 있지?"

나는 외치듯이 물었다.

"난 인간이 아니라서 인간에 대해선 잘 몰라. 나는 내 일생을 여름의 그 짧은 순간에 울기 위해 바치지. 하지만 후회하지 않아. 내가 짝짓기에 성공해서 조금이라도 허무에 나의 흔적을 남길 수 있다면······."

"아냐! 난 그딴 걸 원하는 게 아냐!"

"그럼 어떻게 너 자신을 이 세상에 남길 수 있지?"

"······."

만약 아담과 하와가 선악과를 먹지 않았다면 난 이런 것으로 고민할 필요도 없었겠지······. 허무. 연속되는 허무의 어두움. 빛은 없다. 의로운 반역으로 시작된 나의 자아 정체성이 무너진다. 생각과 이성은 한계를 가진다. 잡힐 듯 말 듯 하다고 여겼던 숨바꼭질하는 아이는 내가 발견하지 않는 이상 과연 존재하는지조차 알 수 없다. 어쩌면 나 혼자 숨바꼭질을 하고 있었던 것은 아닐까? 그때 매미가 말했다.

"무한이 유한을 만든다."

"……?"

"철학뿐만 아니라 과학도 마찬가지야. 존재의 근원은 인간이 발견할 수 있는 것이 아니야. 하지만 인간이 생각한다는 사실을 아는 것과 마찬가지로 우리는 무한이 유한을 만들어낸다는 것을 잘 알지. 활을 쏠 때 화살촉이 과녁을 향해 날아가며 그 사이의 무한이라는 길이를 달리다가 결국 촉의 끝이 평면과 만나게 되는 것처럼 말이야. 난 네가 이 사실을 알아줬으면 해. 인간이 본능보다 이성에 의존하게 되면서 잊고 있었던 사실, 그것은 '이성'이 아닌 '인식'이야. 우리가 만질 수 있고 볼 수 있는 것이 사실인지 알 수는 없어. 예를 들면 네가 보는 어떤 물체의 색깔은 그 빛이 흡수하지 못하고 반사한 빛이기 때문에 그 사물이 가지는 실제 색인지 알 수 없고, 모두가 보고 있는 색이 모두 같은 것인지를 알 수 없듯이 말이야. 하지만 인식은 그런 판단과 이성의 범위를 넘어선 거야. 네가 외롭다고 느끼는 그것, 그것이 바로 '인식'이야. 요즘 사람들은 증명되지 않는 것은 믿지 않으려고 하지. 하지만 사실 증명할 수 있는 것은 아무것도 없어."

"그래, 인간은 무지의 존재야."

"나는 그렇다고 본능, 본성에 대해 얘기하는 것이 아니야. 네가 너이기에 느끼면서도 알 수 있는 것. 세상에서 발견할 수 없는 것.

죽은 것은 알 수도 느낄 수도 없는 것. 살아 있다는 느낌, 그것은 바로 인식이야. 숭고하고 성스러운 신의 본성. 너는 신에게 받은 능력이 있어. 바로 무한한 인식이지. 네가 인식하고 있는 것을 인식하는 것. 그래, 인간이 살아가는 것은 인식의 연속으로 인해서야. 그 인식은 무한하게 반복되지. 아까 말했듯이 무한은 끝없이 이어지는 '선'이 아니라 하나로 연결된 '원'을 의미해. 생각을 뛰어넘는 하나의 개체. 신의 작은 한 조각. 그게 바로 너야."

나는 가슴이 울리는 것을 느꼈다. 그리고 빛에 싸여 사라져 가는 녀석에게 외쳤다.

"너는 누구지?"

"……"

그리고 나지막한 속삭임이 들렸다.

"살아 있는 것……."

이론적으로 생각해 보면 인간은 인간의 삶의 목적, 즉 가치 중에서 유일하게 삶의 목적을 정의하고 있는 신을 믿는 자와 믿지 않는 자로 나누어진다. 잘 생각해 보면 믿지 않는 자는 삶의 이유가 없다. 인간보다 더 높은 지능을 가진 존재가 존재한다는 것을 가정하지 않거나 믿지 않는다면 사유의 제1법칙 외의 그 어떤 것도 증명할 수 없기 때문이다. 그들은 자신이 힘들고 고통스럽고 인생이 무의미하다고 느낀다면 언제든지 목숨을 끊어 무로 돌아갈 권리를 가지고 있다. 그러나 대부분의 사람이 그러지 않는다. 그것은 인간의 가슴속에 그 믿음을 향한 본성이 내재되어 있기 때문이다.

그들은 모두 이 사실을 부인한다. 지식으로 받아들여지지 않는 것이라고, 그리고 경험으로 알 수 없는 것이라고 그것을 부정하고 그것을 믿는 자들을 어리석다고 한다. 그리고 죽음을 통해 우리가 삶의 진리를 깨우친다고 하는 사람도 있다. 그렇게 그들은 자신의 삶이 어떠한 가치를 지니는지 잊어버린 채 허무한 삶을 그나마 남아 있는 진리의 본성으로 살아왔다. 그들은 믿지 않는다고 말하지만 살아 있는 사람이라면 가슴속에 믿음을 품고 있다. 그 믿음이 그들을 허무에서 건져주는 것이다!

마침내 나는 기나긴 나의 갈망에 매듭을 지을 수 있었다. 고난에 찌들어 메말랐던 나의 눈시울이 젖기 시작했다.

'나도 이제 준영이처럼 될 수 있어!'

나는 남아 있는 모든 기억의 조각을 끌어냈다. 그리곤 그 기억을 들추어 보았다.

여태까지 믿음 없이 살아온 내 삶을 바라볼 수 있었다. 나의 존재이유를 몰라서 미친 듯이 방황하다가 노인을 만나게 되고 기쁨과 환희에 젖어 침대에서 벌떡 일어나기도 하고, 꿈속에서 한 여자를 사랑하게 되었다. 얼마나 많은 일이 있었던가? 또 준영이가 하는 행위들을 못마땅하게 바라보는 내 모습이 보였다. 하지만 나에게 믿음이 있는 이상 그의 모든 모습들이 멋있게 느껴졌다. 나는 이제부터 준영이와 같은 삶을 살 것이다.

예수님의 모습이 보인다. 보고 싶다. 그리고 아브라함과 고양이 두 마리가 보였다. 알 수 없는 자신감과 용기로 가득 차게 되었고, 나는 그토록 부인해 왔던 신의 존재를 인정했다.

그때 내게서 기억들이 연기처럼 빠져나와 형상을 이루었다. 이집트의 노예들이었다! 그리고 그 사이에서 그때의 아저씨와 딸이 나에게 다가왔다.

"젊은이, 이 세상이 무한의 확률을 뚫고 무에서 유로 창조된 이상 모든 일에 가능성이 존재한다네!"

그가 내 손을 덥석 잡았다.

"그들이 자네가 알까 봐 가장 두려워하는 것은 우리에게 영혼이 존재한다는 사실이 아니라네. 바로 이 세상 모든 만물에 불이 존재한다는 것이라네!"

그때 기억의 한 조각이 내 손 위에 떨어지며 종이쪽지가 되었다.

믿는 자에겐 능치 못함이 없느니라.

짧은 순간이었다. 바로 나에게서 의심이라는 것이 모두 소멸되어 버리는 짧은 순간……나는 불이 되었다.

여덟 번째 날

나는 당황하지 않았다. 어찌 보면 당연했다. 나는 자연스럽게 모든 것들을 제치고 유유히 감옥을 빠져나와 바알이 있는 넓은 방으로 갔다. 모두 당황하는 모습이 역력했다. 주위의 악마들이 급히 나를 둘러싸서 공격할 태세를 갖추었지만 그에 비해 나는 너무나도 평온했다. 사실 안은 분노로 달구어져 있었지만 말이다. 바알이 당황한 듯 외쳤다.

"어떻게……불이!!"

뒤에서 에리니에스가 쫓아 들어왔다. 녀석은 당황해서 말을 잃은 채 주춤거렸다.

'너 따위에게 복수하느라 내 기운을 쓰고 싶지 않아!'

이 말을 생각하면서 속으로 나는 즐거웠다. 복수는 참 부질없는 것이다.

가슴에서 뭔가 솟구치는 것을 느꼈다. 빛이 뿜어져 나오는 것이다. 그리고 그 빛을 따라 천사들이 쏟아져 나왔다. 악마들이 뿔뿔이 흩어지기 시작했다.

나는 아브라함과 준영이, 그리고 고양이 두 마리가 나오는 것을 보았다. 준영이는 단숨에 에리니에스를 덮쳐 밖으로 날아갔다. 그때 바알이 미친 듯이 분개하며 외쳤다.

"으……아브라함!"

"하하, 어지간해서는 이런 곳에 잘 오지 않지만 바알이라면 이 노인네도 가만히 있을 수 없지. 넌 내 형제들을 너무 괴롭혔다!"

노인이 이렇게 외치자 땅이 갈라지고 바알이 빛으로 된 사슬에 묶여 그곳에 떨어졌다. 들리는 것은 그의 처절한 고함뿐이었다.

"동지, 항시라고 했던가?"

갈색털이 말했다.

"다프네 구하러 온 거 아니었어? 같이 가자구!"

검은털이 달리기 시작했다. 우리는 지하로 내려갔다. 꽤 깊이 내려가자 커다란 복도가 눈앞에 나타났다. 나는 수많은 문들을 살피며 이리저리 돌아다녔다. 그때 누군가 내 앞에 나타났다. 아누비스다.

"그때의 수모는 반드시 갚는다!"

그가 붉은 두 눈을 희번덕거리며 달려들 때 고양이 두 마리가 내 앞에 섰다.

"동지, 여긴 우리한테 넘기고 빨리 가."

두 고양이들이 푸른빛을 띠더니 아누비스에게 달려들었고 아누비스는 왜인지는 몰라도 그들을 보는 순간부터 겁에 질리더니 속수무책으로 이리저리 날뛰었다.

이 틈을 노려 나는 다시 방을 뒤졌다. 그렇게 찾던 끝에 어떤 문 밑에 떨어져 있는 시든 낙엽 하나를 발견했다. 나는 문을 부수다시피 열었다.

그 안에 다프네가 있었다. 다프네의 옷은 모두 찢겨 있었고 그녀의 손은 천장에 매여 있었다. 나는 그것을 풀었다.

"미안해……."

"……괜찮은 거 알잖아……."

나는 한숨을 쉬었다.

"나 때문에 너한테 안 좋은 기억을 또 만들어 버렸잖아……."

"……너랑 처음 만났을 때 네가 해준 말이 떠오르더라고……. 그래서 이젠 아무렇지도 않아."

우린 한동안 말이 없었다.

"난 개인적으로 남자들이 여자를 대하는 태도를 바꿨으면 좋겠어……."

다프네가 웃었다.

우리는 크게 진동하는 성에서 재빨리 빠져나왔다. 그때 누군가 하늘에서 내려와 앞을 가로막았다.

"에리니에스……."

만신창이가 된 에리니에스가 숨을 헐떡이며 나에게 말했다.

"알지? 이건 끝이 아냐. 루시퍼님께서 우리를 다시 구해주셔서 우리의 계획을 완성할 것이다. 우리도 다시 만나겠……!"

준영이가 녀석을 사슬로 감아 버렸다.

"그럼 이제 너도 바알님 곁으로 가야지?"

준영이는 몸부림치는 그를 갈라진 땅속으로 던졌다.

모든 악마들이 지옥의 땅속으로 사라지고 성은 무너졌다. 나와 다프네 그리고 준영이와 고양이 둘은 아브라함과 천사들이 서 있는 곳을 향했다. 모두가 하나같이 미소를 짓고 있었다.

"지우야, 더는 가르칠 게 없구나. 하산하거라."

아브라함의 한마디에 모두가 웃었다. 그때 핏빛 구름이 걷히고 빛이 우리에게 내려왔다. 그리고 진리의 음성이 들렸다.

"나는 인간이 생각할 수 있는 범위를 일부러 제한시켜 놓았단다. 그래서 인간은 아무리 깊은 사고를 해도 그 끝인 '진리'에 도달할 수 없고 어떤 철학적 논쟁도 끝을 맺지 못한단다. 인간이 뇌라는 육체를 통해 생각을 하는 이상 앞으로도 인간의 존재목적에 대한 답을 증명할 수는 없을 것이다. 나는 선과 사랑이라는 것을 통해 나 자신 즉 진리를 이 세상에 심어 놓았다. 너희들이 육체를 입고 사는 이유는 그 속에 있는 진리를 발견함으로써 그 철학과 모든 사상의 끝인 진리를 믿는 것이다. 그래서 나는 너희들을 만들었다. 비록 인간은 선과 사랑이 옳은 것임을 증명하지는 못하지만 그것을 믿고 따를 수는 있단다. 그리고 그 선한 본성을 믿는 자에게만 나는 육체를 벗어났을 때 나의 존재를 알 수 있는 상을 마련해 놓았단다. 지우야, 이제 너는 나의 시험을 통과했다. 너는 비로소 믿음을 가지게 되었구나. 기억하거라. 나는 탕자가 돌아오기를 밤낮으로 기다리는 아버지의 사랑이니라."

나는 고개를 끄덕였다. 준영이가 내 어깨에 손을 올리며 웃었다. 그때 아브라함이 말했다.

"내가 이 시련을 극복한 너에게 선물을 준비했다. 이제 집으로 돌아가거라."

 나는 빛 가운데에서 잠이 들었다. 이제 또 다른 세상에서 깨어나겠지!

∼

 눈을 떴다. 화창한 정오의 햇빛이 창으로 들어왔다. ……화창한……정오의…….
 "늦었다!"
 나는 재빨리 몸을 일으켜 시간을 살피려……. 고양이 두 마리가 내 위에서 잠을 잔다!
 "어, 동지. 우리는 널 위한 특별한 선물이야."
 "오늘은 따라오지 마!"
 "거참, 선물을 받았으면 기뻐해야지."
 나는 재빨리 이불을 박차고 나왔다. 그때 검은털이 말했다.
 "걱정 마. 우리 임무는 이제 끝났으니까."
 두 마리의 고양이가 다시 잠이 들자 나는 허둥지둥 준비를 했다.
 '오늘 방학식 하는데!'
 "엄마!"
 "미안해, 아들! 엄마도 늦잠을 잤지 뭐야? 하필 시계 배터리가……. 지우야, 아직 그 고양이 집에 있니? 털이 빠져서 날아다니잖니!"
 "알았으니까, 나 갈게요."

나는 잽싸게 집을 뛰쳐나가 정류장으로 향했다.

다행히 오늘이 방학식이라 선생님들이 지각을 잡지 않았다. 나는 내 자리에 쓰러져 숨을 가다듬었다. 나는 어젯밤 꿈속에서 일어난 일을 하나하나 되짚어 보았다.

'하산이라…….'

나도 모르게 웃음이 터져 나왔다. 정말 많은 일이 있었다. 몇 시간 전만 해도 이대로 영원히 지옥에 갇혀서 세상이 멸망하는 것을 두 손 놓고 구경만 해야 하나 하며 걱정했었는데 이젠 이렇게 평화롭다니. 우선 가장 기쁜 것은 내가 진리를 알았다는 것이!

한참 엎드려 있는데 누가 내 어깨를 건드렸다. 화들짝 놀라 고개를 드니 준영이가 있지 않은가?

"어……!"

"그래, 아직 내 임무는 끝나지 않았거든."

난 너무 기뻐서 말을 이을 수가 없었다. 우리 둘은 그냥 주위의 애들이 쳐다볼 정도로 크게 웃을 뿐이었다.

방학식이 끝나고 각 반에서 애들이 떠들고 있을 때 나는 다프네를 찾아갔다. 물론 다프네는 자리에 있었고 창밖으로 먼 산을 바라보고 있었다.

"다프네!"

내가 그렇게 부르자 주위의 애들이 웃었다. 하지만 난 신경 쓰지 않았다. 다프네가 나에게 다가왔다. 우리는 복도로 나갔다.

"어……난……그러니까……."

무슨 말을 해야 할까……. 어째선지 꿈속에서처럼 자신감이 생기지 않았다.

"친하게 지내자……이제부터."

다프네가 말했다. 나는 그저 웃었다.

"어……. 오늘 준영이 집에 놀러 갈 거야. 그때 같이 갈래?"

다프네가 이런 나를 보고 미소를 지었다.

"걔네들도 데리고 올 거지?"

"어?"

"고양이 말이야."

"그……그럼. 데리고 가야지. 그럼 이따 보자구."

이런, 고양이 말투가 나와 버렸다. 다프네는 재밌있다는 듯 웃으며 반으로 돌아갔다. 그리고 나는 쑥스럽지만 흐뭇하게 웃으며 창밖의 하늘을 쳐다보았다.

이렇게 나의 이야기는 끝이 났다. 뭐, 이제 시작이겠지만……. 나는 아직까지 전에 내가 가졌던 사명을 기억한다. 진리를 꼭 찾아서 모든 사람들에게 알리겠다는 것 말이다. 이제 그것을 실행할 때가 되었다. 아직 루시퍼라는 놈은 만나 보지도 못했으니 이제 시작인 것이다. 결국 우여곡절 끝에 잃어버린 진리를 찾았다.

여러분은 혹시 진리를 잃어버리지 않았는가? 그렇다면 그 잃어버린 가슴의 불을 찾으러 모험을 떠나보자!

| 판 권 |
| 소 유 |

잃어버린 진리를 찾아서

2012년 4월 5일 인쇄
2012년 4월 10일 발행

지은이 | 박지인
발행인 | 이형규
발행처 | 쿰란출판사

주소 | 서울특별시 종로구 이화동 184-3
TEL | 02-745-1007, 745-1301, 747-1212, 743-1300
영업부 | 02-747-1004, FAX / 02-745-8490
본사평생전화번호 | 0502-756-1004
홈페이지 | http://www.qumran.co.kr
E-mail | qumran@hitel.net
　　　　　qumran@paran.com
한글인터넷주소 | 쿰란, 쿰란출판사

등록 | 제1-670호(1988.2.27)

책임교열 | 김유미 · 박은아

값 9,000원

ISBN 978-89-6562-293-2 03230

* 이 출판물은 저작권법에 의해 보호를 받는 저작물이므로 무단 복제할 수 없습니다.
  잘못된 책은 교환해 드립니다.